隐蔽战线春秋书系 **回忆录卷**

真金不怕火炼

任远回忆录

任远◎著

中共党史出版社

图书在版编目（CIP）数据

真金不怕火炼：任远回忆录 / 任远著 . -- 北京：中共党史出版社，2020.1

（隐蔽战线春秋书系 . 回忆录卷）

ISBN 978-7-5098-4877-7

Ⅰ . ①真… Ⅱ . ①任… Ⅲ . ①任远—回忆录 Ⅳ . ① K827=7

中国版本图书馆 CIP 数据核字 (2018) 第 246487 号

出版发行：中共党史出版社
责任编辑：李亚平
复　　审：王兵
终　　审：吴江
责任校对：申宁
责任印制：段文超
责任监制：贺冬英
社　　址：北京市海淀区芙蓉里南街 6 号院 1 号楼
邮　　编：100080
网　　址：www.dscbs.com
经　　销：新华书店
印　　刷：北京盛通印刷股份有限公司
开　　本：170mm × 240mm　1/16
字　　数：171 千字
印　　张：11.5
印　　数：1—10060 册
版　　次：2020 年 1 月第 1 版
印　　次：2020 年 1 月第 1 次印刷

ISBN 978-7-5098-4877-7

定　　价：33.00 元

任远（1919—2019）

|| 序 ||

黄静波

任远同志是我1937年在绥德县委工作时认识的一位老同志，至今已有75年。我们在长期革命战斗中结下了极其深厚的革命友谊。

他是1937年11月在白区秘密入党，我和安志文同志是入党介绍人。1938年1月绥德特委决定，秘密派他随特委书记郭洪涛同志一起赴延安参加陕公、抗大学习，后又送他接受专门的特别工作，在业务学习时被选入陕甘宁边区保安处第一期保卫干部训练班，由陈云同志及李富春、孔原、徐特立、李克农、刘鼎、潘汉年、布鲁、谭政文等负责同志担任教员，让他们学习党在秘密环境下从事隐蔽斗争的知识与经验。

他毕业后调中央社会部，从事敌后城市情报派遣联络工作。早在大革命时期，党中央在上海成立了特别工作委员会，书记是周恩来，后由陈云同志接任。再后来到延安成立了中央社会部，负责领导党政军的保卫工作，包括秘密的情报工作。这是一项极端重要的革命工作，是保卫党组织、革命军队和根据地的重要部门，从事此项工作的干部都是经过党组织严格审查，历史清楚、政治可靠、能保守秘密，自愿为党牺牲一切的无名英雄。任远同志从1939年2月调入中央社会部工作，在战区部部长杜理卿（许建国）的直接领导下，在华北敌后根据地、晋察冀边区工作。

他们经常出入敌占区大中城市活动，环境极其复杂，工作十分艰苦，时刻面临生死考验。他们十分机警灵活，搜集日伪军事、政治、经济、党派等情报，及时报送领导机关，作为党制定政策和战略决策的参考。情报工作是我党一项十分重要的秘密工作，能够担任此工作的同志均感到无上光荣，备受领导重视，在这种战斗中每位同志都受到了很好的锻炼。各级党委都十分重视情报工作，在人力、物力、财力上，给予大力支持，并让他们参与领导决策，制定对敌斗争的策略。

任远同志年轻肯干，工作努力，受到许建国同志的赏识，从1941年起就担任晋东北二地委、平北地委情报站长。1942年10月又被中央分局书记聂荣臻、社会部部长许建国联名介绍给冀东特委书记李运昌、副书记李楚离，他们共同委任任远同志为东北情报联络站主任，并配给两部电台。1944年，中央决定成立冀热辽区党委，派钟子云同志为区党委社会部长，任远同志被任命为十八地委社会部长兼管东北情报联络站的工作。

1944年10月上旬，冀热辽特委、行署、军分区在河北丰滦县的皈依寨召开扩大工作会议。10月17日晨，当会议即将结束之际遭到日军的包围袭击，我方由于干部多、战斗人员少，寡不敌众，损失惨重，当场英勇牺牲的就有430多人，被俘150余人，脱险的只有120多人。聂荣臻司令员说，这是我华北抗战以来最惨烈的一场战斗。就在这次战斗中，任远同志不幸负伤被俘。由于叛徒的告密，敌人很快就知道任远同志是冀东军区联络部部长，当即予以高度重视。敌人为了获取我在东北及华北、平津等地的重要情报，不惜一切代价，采取各种手段对他进行诱降。任远同志当即以特殊的斗争手段，与敌斗智斗勇，终于在组织营救下，巧妙地虎口脱险。

任远同志在延安受过专门特工训练，而且已有几年的实战经验，在敌人的魔窟里，为了保卫国家、人民和党的利益，保护地下组织不受危害，他抱定宁可牺牲自己，也不当叛徒的决心，机智、勇敢、灵活地应对日本特务的阴谋，不仅很好地保护了党组织和自己的同志，还借机除掉为害较大的汉奸、叛徒。后来，在我地下党组织的精心营救下，任远同志终于虎口脱险，并坦诚地向党组织汇报自己的被俘经过和在日军监狱中的斗争过程。

任远同志的坎坷经历，在“文化大革命”期间受到了冲击，但他从来都以乐观、辩证的心态看问题，坚信党的领导。1974年，中央三办专案组从沈阳日本关东军那里找到了他的完整档案，日、中两种文字，和任远同志当时向党组织汇报的内容完全一样，证明了他对党是忠诚的。

“忠诚”不是空口无凭的口号，更不是自我标榜的漂亮话，忠诚与否要经过历史的严酷考验与证明，要由历史来鉴别判定。任远同志的人生足迹，革命战斗的历史，为他做出了鉴定：他对党、国家和人民是无限忠诚的。我为自己有这样的战友而自豪。

此书，既是任远的回忆录，也是他的自传。历史是无数传记的荟萃，江河湖海汇于滴水，一滴水能折射江河湖海，一部传记也反映了时代递嬗、世情应变。任远的这部回忆录，就是这样一滴水，就是这样一部传记：不仅叙述了自己，也反映了一个时代的变化与进步，反映了中国共产党与人民共和国的苦难与辉煌、曲折与胜利。任远同志在革命征途中的表现是值得肯定的，从坎坷的道路中，他感悟到了人生哲理。他健康豁达的心态以及为人民奉献余热的精神，是值得我们学习的。

我希望任远同志晚年幸福，也希望阅读到这本书的同志能有所收获，从中吸取有益的智慧。革命到老学到老，终身学习，大有裨益。我想，这正是任远同志写这部回忆录的真正动因吧。

（作者曾任第七届全国政协常委，青海省省长、省委书记）

|| 写在前面 ||

任　远

这本书是我的亲身经历。我真名马嘉善，现名任远，1919 年生于陕北绥德城内贫民家，14 岁时考入陕西省立绥德师范学校。1937 年 7 月 7 日，日本帝国主义发动了全面侵华战争。我产生了强烈的抗日怒火，组织同学收听广播、出版抗战壁报，发起绥德市民组织抗日救国，在母校陕西省立绥德师范学校同学中发起建立抗日民族先锋队，不到一个月我就发展了 80 多位同学加入，大家推举为我区队长。

我的抗战热情十分高昂，立志投笔从戎，为国效力。在榆林六中任教的张明远同志是秘密党员，1937 年 11 月间，他组织人员在绥德南关一家旅店内召开了陕北民先队总部会议，我被邀请参加会议并被秘密发展为地下工作者。陕甘宁边区派驻绥德的警备司令部司令员陈奇涵、政委郭洪涛经常到我们学校演讲，号召全民抗战一致对外。

不久，掩护在警备区民运科的绥德县委书记黄静波与我接上关系，并由他同安志文（我在绥德师范学校 26 级的同学）秘密发展我入党，与我同时入党的，还有常月亭、张孟晋，我们三人中，指定我为小组召集人，在黄静波县委书记秘密领导下开展白区工作。黄静波同志是我敬重的老党员、老领导，也是我革命的引路人。他是全国政协常委，青海省原省委书记、省长，对我非常了解，在坎坷不断的人生征途中，他给了我很大帮助，我们结下了深厚友情并成为了知心挚友。

他的一生为党贡献，1938 年担任陕西省的绥德县、米脂县、清涧县三个县的县委书记的重职。他长时间坚决执行党的路线，由于工作成绩出色，受到了毛主席的赞扬。“文化大革命”前，他已出任陕西省副省长，在中央党校学习后，分配到辽宁省抚顺市矿务局西露天煤矿任副矿长，向工人学习，锻炼提高思想。“文化大革命”浩劫中，他与我一样遭到无情残酷的批斗。平反后，经中央决定，派他任广东省副省长兼秘书长、省委常委，后来中央又调其担任青海省委书记、省长职务。

1987 年，我离休后受中央统战部指派，陪同国际友人赴藏访问时，由拉萨一路直抵青海省西宁市，受到省委统战部同志的热情接待，听到青海省党政干部群众对黄静波同志的一致赞扬。黄静波同志为人正派，敢做敢为，不畏权威，主持公正，伸张正义，大公无私，光明磊落，公正处事，不看权威脸色。由于他坚持原则，处理冤案深入人心，被群众称为“黄青天”。这样一位深受当地干部、群众美誉的红军时代的老同志，在省人民代表大会上，省内各代表团用电报、电话、信件等形式，向中央请求让黄静波继续留任工作，他当时在会上流着热泪感谢大家。

我的历史他很清楚：经血战、被俘的考验、长达数十年的长期审查，终于在“文化大革命”后期得到彻底查清。我十分热爱党的保卫工作，尤其在延安保卫干部训练班学习后，感到党的隐蔽战线十分重要。公安部的领导曾称赞，我们延安特训班第一期的 36 名学员都是公安部的“元老”，聂荣臻元帅称情报人员顶得上十万精兵。我作为其中一员，感到十分自豪。

1952 年，铁道部机关党委审查我的被俘历史时，曾认为我有叛党行为，做出开除我党籍的决定。时任公安部常务副部长、党组副书记杨奇清听说后当即正面告诉我：“如怀疑你历史有问题能让你护送毛主席、周总理访苏，还会让你负责保卫中央首长的专列？他们不了解，待他们审查一结束，你就回公安部工作，我们相信你、信任你。”

因我四个月被俘历史，中共晋察冀中央局已经在 1946 年 7 月做出了明确结论：相信本人交待，恢复组织关系，而且工作上重用，让我从 1946 年 8 月起担任张家口市公安局二科副科长，主管全市侦查工作，1947 年 1 月又委任我为冀热察区党委社会部情报科科长，1948 年 6 月东北局社会部又任命我为冀热察行署公安局副局长，让我放心大干。

1955年5月，铁道部撤销开除我党籍的决定。重新恢复工作后，公安部立即通过中组部调我回公安部工作，但当时二机部部长宋任穷同志又亲自点名要我到二机部工作，工作性质十分重要，系国防尖端工程，因我有保卫毛泽东主席、周恩来总理专列的保密安全经验，历史已查清楚，因此决定调我到二机部。我服从安排，但表示，我还是比较热爱老本行，待二机部的工作告一段落后，还要求归队。我的历史问题已彻底查清，我不是叛徒，我领导下的情报工作人员无一人受到敌人迫害，而且还为组织提供了重要的情报，我的地下尖兵都起到了应有的作用。

我怀着对公安工作的向往，自1984年离休后，又协助国家安全部有关部门做了一些资料搜集整理方面的工作。因此，我愿以“无名的老特工”自称，我认为党的保卫工作是无上光荣的。值此建党90周年之际，我向党向人们写出我的回忆录，作为献给热爱的党、光荣的党、伟大的党的一份贺礼！

我今已92岁，生命有限，但身体尚未衰老，仍决心乐观向前、继续奋斗、量力而行，无私奉献余热。我的感悟是，功过是非，可由历史评定，自己要不断学习，改造自己，充实自己，力求生而无忧，死而无憾，鞠躬尽瘁，死而后已。

目录

一、求学走上报国路

任远

年轻是做梦的季节，每个人都用梦的眼睛追寻希望，如今的年轻人更是执着地编织未来。常听有些老战友念叨，自己的孙子孙女好像和当年的自己完全生活在两个世界。代沟嘛，理解万岁，其实我们也年轻过，而且我们这些“老家伙”当年的激情一点也不比他们差。我们的青春之歌不仅在课堂上唱响，更多的鸣奏是在战场上回荡。那是何等壮丽的交响乐章！

我现名任远，原名马嘉善，后改为马耀武。您可能很好奇，我是做什么工作的，怎么这么多名字？莫非是侦探？呵，猜对了一半，我年轻那会儿做过学生、上过战场，但最主要的是从事隐蔽战线的工作，就和你们看的《潜伏》《暗算》电视剧一样。生活是鲜活的剧本，我们这些经历者的事可比“余则成、翠萍”真实有意思多了。事实比银屏更震撼人心。我是“九零后”，今年 92 岁，是如假包换的“老特务”。都说人生经历是一本书，有的书平淡无奇像简历词典，而我这本书里充满了激情、紧张、曲折、斗智，远比侦探小说精彩生动。

不信？就请你翻开书，走进我那真实的“潜伏”岁月吧。

陕北民谣：米脂的婆姨绥德的汉，按你们如今年轻人的解释米脂女孩长得美，绥德男孩长得帅。1919 年 10 月，我这个“汉”就出生在陕北黄土高原绥德城内。我可不像现在你们那么娇贵，父亲外出当兵，一去九年，音讯全无，家中十分困难，三代人蜗居在一间漏雨的土窑洞度日。现在提倡学前教育从娃娃抓起，我打小就开始操持家务，每日挑水卖水，到富裕人家掏炉灰，捡蓝炭。穷人孩子早当家。那时候哪有啥幼儿园学前班，全是偶尔偷闲在黄土地上疯跑，跟着老羊倌扯几嗓子原生态的信天游就很流行了。

说来惭愧，我是个大龄生。由于家贫，到该读书时我连旁听资格都没有，只能趴在学堂窗户边偷听先生们授业。直到九岁时，家中才咬牙同意我读私塾，我知道家里不易，很快就努力跳级成功，与同龄人站到了同一条起跑线上。15 岁时我考上了陕西省立绥德师范学校。

别看学校不在省城，可成为这里的学生并不是一件容易的事，照样是当地的重点。我们也要参加像你们现在举行的中高考。当时被国民党于 1928 年破坏的陕西省第四师范要恢复重建，改为陕西省立绥德师范，并决定于 1934 年秋开始招生，仍为官费，我正好上了小学五年，成绩较好。校长知我家贫，学习刻苦，遂动员我提前投考绥师，并为我办好了投考手续，将我原名马嘉善改为马耀武，并证明我已经小学毕业（六年级制）。为鼓励我积极投考，他还以教育局长的身份给我自制了假的毕业证。未曾想，唯一的“作弊”竟“弄假成真”。当时我没有任何把握，就在考前一个来月狠命地背书，可这人生的第一搏居然就成了。

知识改变命运在任何时代都不假。当我意外地在排名榜上看到了自己的名字，激动地跳了起来。这下子，我就不用愁上不起学了。我先考的是简易师范班，四年毕业，即可升高级师范，再续读两年即可投考北平的师范大学。亦可以找工作，当小学教员。全家都为之欢喜，也不再为我的学费发愁了。我一下子就成为官费生了，而且学校每月还发津贴。算是跳出农门了，不光我和家人高兴，乡里乡亲也来为我贺喜，我一下子变成了有出息的穷学生。那时候穷乡僻壤出个高中生是件了不得的大事呢。

1936年暑假，绥德师范与榆林女中部分同学合影。前排站立者左二为任远

上师范后，由于吃住均在学校，能集中时间集中精力用来学习。我立志升学，经过几个学期的努力，已成为学校的佼佼者，还被选为甲级班主席。虽每天仍要回家挑水卖水养家，但总觉着身上有使不完的劲。每周放假，我仍留校自己补习功课，每次考试，我都能以优异成绩通过。我的班主任和国文老师对我非常欣赏，到了1937年暑假，还差一年毕业时，他们十分有把握地动员我不要再学最后一年了。劝我提前投考北平师大，八十四师师长高桂滋愿出资赞助，我婉拒了他们的好意，我知道在我心里早有股涌动的热流。就在此时，七七事变，抗战爆发，我这个准大学生毅然选择投笔从戎，把青春燃烧在激情战斗的岁月。

其实在1933年，即我14岁时，就懵懵懂懂地接触了些党的宣传，逐渐了解了要过好日子就得革命的道理。这样，经同校亲友张振声秘密介绍加入了少共团，而且我的母校陕西省立绥德师范学校是一所有光荣革命历史的学校。早在大革命时代，陕西省的第一个党支部就建立在我的母校，校长李子洲是李大钊发展入党的陕西省共产党的创始人。陕北红军的领导人刘志丹，就是李子洲发展入党后介绍去黄埔军校学习回来，建立陕北红军的。当时绥德师范许多学生参加了革命，后来成了党的优秀干部，担负

1998 年 5 月 15 日，绥德师范校友会在毛泽东纪念堂二楼举行。任远（右）与老领导郭洪涛畅谈。1938 年 1 月 23 日，郭洪涛带领任远到延安

了党和国家的重要职务，如曾担任全国政协副主席的刘澜涛同志、体改委主任安子文同志、兰州军区司令员张达志同志、装甲兵司令员贺晋年同志等。他们既是我的学长，也是我参加革命的前辈。当时学校的校长、教员大多数是秘密的中国共产党党员，但多与组织失去了联系，就以教书为掩护，播撒红色种子。环境改变人，我就是在这样一所有革命传统的学校求学，并走上革命道路的。

当中央红军于 1935 年 10 月到达瓦窑堡时，我便为找红军做准备了。一放寒假，我就背着父母和学校，秘密跟随苏区同学到王家沟的区委那里，要求参加红军。当时为了开展白区工作，组织派我仍返绥师上学，秘密从事抗日救亡工作。为此，我与同学们组织宣传队，下乡宣传抗日救亡，要求停止内战，一致抗日。七七事变后，我们创办起了抗敌壁报，贴在大街上，在校内发动同学成立民族解放先锋队绥师区队部，我被推选为区队长，队员发展到 80 多人，后又参加了民先陕北总部。1937 年 11 月，我光荣地加入了中国共产党，并在 1938 年 1 月来到了革命圣地延安，从此开始在中国革命这所大学里学习成长。

二、开始“特工”生涯

每个时代都有自己的歌。歌声把回忆唤醒。每当“到敌人后方去”旋律响起，我就按捺不住冲动，乘着歌声的翅膀，搭载回那“历史的天空”。

要问我初见延安心情？还用说，那可是中国革命的圣地。

延安宝塔山

开学第一天，都是报到时间。热乎劲还没缓过来，你都猜不到，我又遇见了谁？我们这帮新生马上被安排到机场迎“外”，按说天外来客也不是外人，是从苏联回来的我党驻莫斯科代表团和一些西路军领导同志。可“接待”规格不是一般的高，毛泽东、周恩来、张闻天等领导全到场了。

那阵，我们这帮“土包子”光顾瞅飞机这西洋景，哪有心思听领导讲话。而且声音也不断被飞机轰鸣声遮盖，我耳尖，隐约听见有人用浓重湖南口音说了句“真是喜从天降”，忙问身边一“学长”，“这大高个是谁呀”？“是毛主席”。学长平静地说，一副见怪不怪的样子。他这一说不打紧，我激动得使劲往前挤踮着脚猛看……“东方红太阳升、中国出了个毛泽东。”才第一天我就见到了歌里的人物。要晓得，像我这种“草根”，连县长这种芝麻官都没见过！

幸福继续延伸，第二天组织给我开了到陕北公学的介绍信。搁现在，就是免试上人民大学了，人民大学的前身就是陕北公学。接待我们新学员的是校长、著名革命教育家成仿吾，他可是见证人民大学历史的元老。说来不相信，我们不是四年学制，而是一月必修。毕业分配即可上战场，也可“读研”，甚至还保送“出国留学”呢。一月的大学生活我在努力学习之外，还以惊人的速度发展了20多个党员，可谓是“火线”发展。理论上讲，我这种行为该被“批评”，不符合组织程序。可战争年代是个例外，生死面前你就能看出人性党性。事实证明，这些同志没有让组织失望，我的破例是有效的。

毕业当天，我却意外得到了“公费留学”的机会，地点是苏联，专业是学习坦克。这可是门尖端高技术工种，在当时没有一辆坦克的情况下，我们党就有穿透未来的眼光，实属难得。负责带队的是毛泽民同志，中午就出发。能被保送主要是我的德智体全面发展，政治上可靠，有突出组织能力，学习上更不用说了，那会儿，高小就算知识分子，我好歹算是准大学生。可我就是不愿去吃洋面包，一门儿心思想打仗。我救命般找到成校长，可怜兮兮地啜泣，终于被批准留在国内学习。后来才听说，毛泽民同志带队到新疆后，1942年被军阀盛世才杀害了。就这样，我在中央党校学习了一段，又转学到抗大，进修“侦查保卫”这门学科，算是踏进情报门。

抗大抗大，越抗越大。授课的老师全是“战争大学”毕业的高材生——共和国未来的元帅将军们。在这儿，聚集了中华民族最优秀的儿女。我们团结、紧张、严肃、活泼。在战争中学习战争，在大海中学习游泳。课余生活丰富多彩，歌咏赛、扭秧歌，没有人不珍惜战争中这短暂的学习时光。绝没有逃学、旷课。巍巍宝塔山、滔滔延河水。周末常看见毛主席在新华书店附近转悠。

毕业那天，毛主席出席了典礼，来到我们中间谈笑风生，问这问那，他找了块石头很自然地坐下，没有一丝架子和拘束感……从群众中来，到群众中去，深入群众，深入一线。1939 年 2 月，我调入中央社会部。3 月，社会部战区部部长杜理卿（许建国）率我们一行 13 人，随中央考察团赴华北敌后考察。我们唱着“到敌人后方去”奔赴战场，来到了模范抗日根据地——晋察冀边区，开始了我的“特工”生涯。

既然当学生，首先得拜师。虽说修行在个人，但总得师傅领进门。漫漫人生路，难得遇见一位好领导、好老师。而老红军、老首长许建国同志就是我的领路人。刚开始，我完全是理论上的巨人，眼高手低，交的第一次作业成绩“惨不忍睹”：汇报八股连篇，教条僵硬，脱离实际。看着我尴尬为难样，他没训我，而是给了我足够的时间成长，从分层调查开始，区别对待，耐心说理。关心同志，给战友春天般的温暖。知我家贫，途经我家乡时，他悄悄塞给我光洋，自己餐餐冷水泡馍馍。在他的帮助鼓励下，我迅速成长成熟……恩师虽去，教诲永怀。

抵达根据地后，我们一行人都改了名字。从此，“任远”这名我沿用至今。投身革命即为家，为了工作需要，名字不过是符号罢了。

说晋察冀是我的第二故乡不假，乡情、友情难忘。从 1939 年到 1942 年，我在“战争大学”实践了四年，终于“毕业”了，派往冀东，从事情报工作。

冀东是我对敌斗争的最前线，紧邻伪满统治的东北地区，有关东军常年驻守。早在 1935 年 11 月，日寇策动汉奸殷汝耕在唐山市设立了“冀东防共自治政府”，使冀东为日寇全部占领，冀东人民开始了悲惨的亡国奴生活，饱受日寇汉奸铁蹄的蹂躏。日军在这里制造了无数起惨无人道的血案，千里长城线，到处是无人区。老百姓被“集团并屯”弄得连件像样的衣裳都没有。

在党的领导下，我抗日军民同仇敌忾，毅然展开挽救民族危亡的不屈不挠的英勇斗争。1938 年，冀东人民举行了 10 万工农抗日武装大暴动，给日伪以沉重打击。之后，冀东军民在极其艰苦的环境下坚持斗争，终于在伪满与华北的咽喉地区逐步建立起一个抗日游击根据地，为我开辟东北工作创造了条件。

我们队伍在冀东军区李运昌司令员率领下，以山海关为活动轴，广泛开展游击战，屡次上演以弱胜强的经典战例，以至于日军侵华总司令官冈村宁次曾哀叹“如陷苦海，对冀东应再有新认识。”三天一小仗、五天一大仗，转移行军成了家常便饭。到如今，我这铁脚板走起路来都虎虎生风。

为了配合公开的武装战争，做好敌占区的地下工作，大力加强隐蔽战线的斗争，党中央及时派出大批干部深入敌后，努力开辟敌占城市及交通要道的情报工作。毛泽东主席早在1938年六中全会后就提出：“要设法开展东北情报工作。一是寻找抗联；二是设法站稳脚跟，以便打下长期工作的基础，及时了解敌伪情况及东北人民的思想动向”。为此，党中央先派钟子云、韩光等原东北抗联的同志从延安赶赴华北，开展对东北的情报工作。1939年3月，中央社会部派许建国同志率13名干部到晋察冀北方分局组建分局社会部（我是其中之一）。1940年，钟子云同志与分局社会部合作开展对东北地区的情报工作。在当地党委积极关怀与大力支持下，党中央从1941年起陆续从延安和边区选调一批优秀干部，充实到了冀东隐蔽战线中来，分局社会部也先后派出十余名得力骨干充实情报工作，使这一地区的地下工作得以快速发展。

1942年10月，分局书记聂荣臻和分局社会部长许建国联名给冀东特委书记李运昌、副书记李楚离写信，建议成立冀东东北情报联络站，任命我为主任，携带电台一部，直接与分局建立联络。

为对外工作方便，组织决定东北工委和冀东东北情报联络站统一以“军区联络部”的名义进行活动，代号“燕山部队”，我的公开身份是冀东军区联络部部长。战争年代，电台就是我们的眼睛和生命，人在电台在。组织上为了保护机关电台，特地命令十二团团长曾克林、政委曾辉同志，抽调了一个连归我指挥。派主力来配合我工作，可见情报的重要性了。十二团是军区第一团，威名冀东。伪军一听到十二团名字就直哆嗦，听枪声，鬼子就知道十二团来了。

1937 年，边区保安处处长周兴（左）与副处长杜理卿（许建国）在延安。1939 年，许建国被派往华北敌后考察，后组建中共北方分局社会部

为了电台安全，我决定先把机关电台安置在抚宁县与临榆县境西北山地蚂蚁沟一带，那里地势陡峭、群众基础好，老百姓都向着八路军。靠山、靠群众。万一电台暴露，山不藏人人藏人，可迅速转移到群众中去。经过半个月的精心准备，第一次发报就与根据地取得了联系。军区首长指示我们，迅速开展东北情报工作、分批派遣，务必有深入敌心脏的决心。接着我公开以“军区联络部”负责人的身份，开始同敌伪大乡长、保长广泛接触，从中物色对象，以便开展山海关、秦皇岛、海阳镇等敌占城市的情报工作。

1942 年是抗战史上最困难的一年，敌人挟偷袭珍珠港的余威，疯狂地对我根据地进行残酷“扫荡”。掩护的连队目标太大，我们撤到哪里，敌人就跟到哪里。电台也差点暴露，必须得隐蔽精干。我便与十二团团长曾克林同志商量，调回连队，只派一个武装便衣警卫班随我活动。最危险的地方最安全。我把电台从山区转移到一个“白皮红心”的伪乡长家里，隐藏在夹壁墙内，只有夜间工作时取出，警卫班扮成乡长家中的长工，就这样神不知鬼不觉，敌人做梦都没猜到，八路军的电台就在他们的眼皮底下。

经过半年的努力，情报站迅速打开了工作局面，东北及北宁线工作已有初步基础。当时，山海关、唐山、秦皇岛、北戴河、海阳镇、抚宁县等地均有了情报关系，在东北的奉天、吉林、哈尔滨、新京、佳木斯、克山、四平街、北票等城市派出情工人员几十名，并通过他们又发展了一些外围利用关系，形成了情报联络网，搜集了伪满军事、政治、社会情报。

三、柯棣华大夫保住了我的一条腿

1941年冬，我由二分区（晋东北地区）回到中央分局社会部汇报工作，汇报刚刚结束，反“扫荡”就开始了。当夜，我与河北省阜平县大队一起活动，向山西省五台县转移，途中翻越太白山头时，遭遇敌人埋伏，队伍迅速撤退。匆忙中，我的右脚踝被山口小树杈刺破，当时我毫未察觉，下山后又渡沙河，伤口灌进沙粒，过了河又急行30余里，才到区委驻地的村庄休息待命。

第二天凌晨，我突然发现自己的右脚肿得像个大西瓜似的，发紫红色，小腿部也肿得像个小水桶，痛得不能动弹。通讯员见此情景，忙乱起来，马上去找县委书记易清源同志及区委同志。他们一见我伤势如此严重，既无法骑牲口，更不能步行，而这里离军区卫生部还有30多里崎岖不平的山路。他们商量了一下，便由县委书记易清源同志和3位区干部，4个人一起把我抬到军区卫生部。军区卫生部副部长游胜华同志带了几个外科大夫，一起来到我住的老乡家中，给我查看伤情。

大约一小时后，已是黄昏时分，游副部长同几位医生又一起来到我的房间，告诉我：“我们经过会诊，认为你的伤势比较严重。从外部看，伤口已经溃烂，内部情景难以看清，但从腿部肿胀的趋势看，内部伤情一定比外部更严重，否则不会继续向大腿上部发展。因此，必须及时进行治疗，看来，只要从右膝以下切除，就可以防止病情恶化。虽然失去了右小腿，但可以保住一条命。这是在目前条件下不得已的办法，你看这样行不行？”

这对我来说，真是晴天霹雳！我顿时不知所措，过了好久，我才冷静下来，咬牙想道，这也是没有办法的办法，只要还能活着，就可以为党为人民做一点力所能及的工作……

我勉强地对游副部长和医生们说：“既然你们研究过了，那就为我动手术吧。”

游副部长安慰我道：“不必担心，我们一定负责给你进行手术，要坚强啊！只要保住了性命，还可以继续革命嘛。”

当游胜华同志离去后，我的心情如海潮波涛般起伏不定，晚间久久不能入睡。我以后成了残疾人，可怎么活下去啊！家中年迈的老母和幼弟一旦知道我成了一条腿的人，他们该如何伤心啊。我怎么再回延安，什么时候才能再看到巍巍宝塔山和清清的延河水啊！

次日早饭后，当我正静静地等待着手术之际，游副部长领着一个我从未见过的大夫进来了，他 30 岁上下，中等身材，两颊有些消瘦，留着黑黑的短须，一双明朗的眼睛，皮肤有些黑红，好似外国人，但他会说很流利的中国话，这使我一时迷惑不解。

他仔细端详了我好久，然后就蹲下身子，细心地用手慢慢地从上到下在我的右腿上摸来摸去，一边摸一边问我疼不疼，我回答：“不太疼。”

他又要我简单地讲述一下受伤的过程，并问游副部长：“他多大年纪？做什么工作？”

游胜华告诉他，我刚 21 岁，是延安派出去的，专门负责敌区工作的北方分局的干部。他一边听着介绍，一边回头再注视我的表情，然后用双手合在一起沉思了好半天，向游副部长说：“不必动手术，右腿可以保住，我负责亲自治疗好了。他的伤口虽然严重，但只要将沙子清理出来，浮肿就会慢慢消失，伤口可以愈合。”

游副部长听了又高兴又惊奇，马上说：“好！那就请柯棣华大夫亲自治疗，我们太感谢了。”

柯棣华大夫转过身来对我说：“同志，别担心了，我一定想办法保住你的右腿。”

我欣喜若狂，高兴得连声道谢。等他们都离开后，我向护理我的同志打听柯棣华是谁。他们告诉我："柯棣华大夫是有名的外科专家，自从白求恩同志逝世后，柯棣华同志就是印度援华医疗队留在晋察冀军区卫生部的高级顾问，是现在边区唯一的外科专家。他会讲很好的中国话，医术也很高明……"

2002 年，任远（左一）与柯棣华夫人郭庆兰（左二）合影

他们还告诉我，柯棣华大夫还没有结婚，他热爱中国，到过延安，见过毛主席，军区首长聂荣臻同志对他很尊重，很关心，要中国同志好好向他学习。

当我得知这些情况后，对他油然起敬，这么一个外国人，不远万里，经过那么多的困难，来到中国最艰苦的敌后参加抗日，这是多么伟大的国际主义精神啊！

从当天上午 9 点多开始，柯棣华大夫一个人，身穿白衣，手捧着一大堆换药用的医疗器械和药物，来到我的床前，打开昨天护士给我包扎的绷带，细心地用消毒过的药水将伤口清洗干净，然后用镊子小心地将溃烂的坏肉取下来，用洗干净的药布探入伤口，仔细地进行清理，然后轻轻地敷上一层黄色的药膏，并且把用黄色药膏泡好的白纱布慢慢地一点一点地向伤口深处推进，直到用药布将伤口填满后再用胶布将伤口封好。

这次换药，大概用了一个小时才结束。柯棣华大夫站起身来对我说："你好好休息，我每天要给你换三次药，有什么感觉告诉我。你放心，伤口会好起来的。"

由于第一次换药时间比较长，柯棣华大夫看来有些累了。当天午饭后，柯棣华大夫又来给我换洗一次，这次用了半个多小时。晚饭后，在煤油灯下，他再次为我换药。从此，每天早、中、晚三次，他都按时来换药。慢慢地我们成了无话不谈的好朋友了，他一边换药一边问我，是什么地方人，上过什么学，什么时候参加革命，见过毛主席、朱总司令、周恩来同志没有？

当他得知我是陕西人时，更是热情地要我给他讲陕北延安地区的军民生活、学习、工作情况。他总是赞不绝口，说中国人民伟大，毛主席伟大，将来我们印度会像你们一样打败侵略者，团结起来建设自己美好的国家，使人民真正获得幸福生活。

柯棣华的谈话给我留下了深刻的印象，他对同志非常诚恳热情、平易近人，对伤病员更像是慈母对自己的亲生儿女一般地细心护理。他很好学，善于从伤病员口中了解他所想知道的中国的情况和经验，尤其是他每到一地都要用中国话同当地老乡谈话，了解边区军民英勇抗战的动人故事。他很善于总结经验，认真分析各种病例。

我感到他的最大的特点是爱护伤员，他亲自动手精心护理，既当大夫又当护士，一身二任，真是多才多艺的多面手。正是由于我遇到了柯棣华这样的好大夫，在他的精心治疗下，病情才得以一天天好转，十几天后，腿上的肿胀消退了，伤口逐渐缩小，也不感到疼了。无论晴天、雨天，柯棣华大夫总是来为我按时换药，认真清理伤口。真是出乎军区卫生部同志的意外，只有 30 天，我的伤口完全愈合，可以下地走路了。

柯棣华大夫非常高兴，他愉快地告诉我："你可以出院了，明天就可以回边区分局机关去。"

这时，反"扫荡"已胜利结束，领导机关都又回到平山赵各庄史家寨一带来了。游副部长也为我免于残废而感谢柯棣华大夫，而我对于救我一条腿的柯棣华大夫更是敬重有加，真是舍不得离开他啊！

由于柯棣华大夫的精心治疗，我的伤口甚至没有留下一点伤疤，和左脚踝部完全一样。这真是奇迹！敬爱的柯棣华大夫，真正是一个“毫不利己，专门利人”的高尚的人，他的英雄事迹永远铭记在我们中国人民和全世界人民的心中。

四、醉审日特——酒后吐情报

打胜仗饮好酒乃军人快事。可喝酒误事，关键得把握好“度”。我一贯不信“从酒瓶看水平”这类胡话，但我相信酒后吐真言。这话不假，在我的隐蔽工作中，还曾有过特务酒后吐情报的意外收获。

那是1942年我刚到平北抗日根据地工作不久，任平北地委情报联络站站长，负责开展伪蒙疆政府地区，张家口及平绥线的敌区情报工作。当时，对敌斗争形势复杂，敌伪采取“拉出去，打进来”的做法，除多路派遣特务外，还采用金钱美色等手段，拖走了不少意志薄弱分子，连保卫首长的分区警卫连长都携枪逃跑了，开展工作难度极大。

行军在长城脚下的八路军

一天，战士们押来了一名叫王波的军官。他自称是伪忠义救国军参谋长，一个劲表明自己是来投诚的，历经千辛万苦好不容易从北平经怀来才找到我军。县委书记一时也拿不准是真是假，便将王波交给我审查，看看是否有诈。

看着王波一脸“疲惫”，我也不好立即以审查的方式问话，对待俘虏还优待呢，不管怎么说，人家千里迢迢来，八路军再穷，接风洗尘也是应该的。

我即代表军分区首长“欢迎投诚”，晚间设宴招待。

一上菜，王波就饿得直扒拉筷子，差点没把盘子给吞了。大碗喝酒、大块吃肉。我使劲给他夹菜、灌酒。“欢迎王兄，略备便饭薄酒，为了抗日，干。”

王波：“兄弟无知，不幸误入歧途，为敌效劳，充当忠义救国军参谋长，实在有罪。身为中国人，我眼看日寇暴行，百姓屡受凌辱，所以下定决心弃暗投明，愿肝脑涂地。请转告军分区首长，批准王某加入八路军，一定将功赎罪，洗刷耻辱。”

“王先生谦虚了，您年轻有为，带兵有方，如能投诚，我军十分欢迎，今后咱们共同驱逐日寇，收复失地。我代表军分区首长热烈欢迎，敬酒三杯。”

王波一听，十分惬意，当即表示感谢，举杯痛饮，我看其酒量不小，故意奉承几句：“先生海量，鄙人十分钦佩。为了今后携手合作，请再饮一杯。”

王波又一饮而尽，我亦只好奉陪。就这样，边饮边谈，不久一斤白酒即将告罄。此时，王波虽有醉意，但尚未完全醉倒，看他有多能喝，我豁出去了，“同醉于尽”。

喝完这一斤白酒，我俩都醉了，歪坐着，王波已快不省人事，还硬撑着站起来，对我嚷嚷，“你把我害惨了，老子又累又饿，告诉你，不是为了这个官，什么他妈的皇军八路。”“王兄你醉了”，我朝着他嚷嚷。

王波：“我没醉，这次是皇军派我来刺探平北分区兵力及其作战计划的，所以让我假装投降八路。皇军答应，事成之后给我加官晋级。”

“瞎说，就你一个人？怎么可能？”

王波：“让我先来探路，取得信任后，再派人来。用密码方法通讯联系，必要时，再派我的部下来接头。”

“王兄吹牛，喝，喝，干脆你说日本人也来了算了。”

王波：“日本人不肯告诉我，他们宪兵队特高课有专人管。我这叫‘曲线救国’，蒋委员长说了，将来抗战胜利了，还可以论功行赏……”此时王波已烂醉如泥，我跌跌撞撞地把他扶上炕后，又摇摇晃晃地敲开了县委书记的房门。“喝酒也能抓特务”，听完我断断续续的汇报，大家打趣地说道。

接下来，决定王波命运的时候到了，是杀是放？杀，送上门来的哪有还回去一说。杀，当然可以，但无大益，放呢？平北地区斗争残酷，留着他继续进行反间工作，恐怕有困难。待他本人酒醒后，争取争取吧。如他同意，可以发展成内线；如他存心欺骗，就算放了也能令他的日本主子产生疑忌，再借机除奸不晚。

第二天清晨，王波一看到我就放声大哭，跪在地上，双手作揖，连声喊道：“我有罪，饶我一命！”看来，他已知自己酒后失言，唯恐被杀头。

“你不必害怕，坦白认罪就好，我们决不轻易杀人，你要还是一个有良心的中国人，就不要再替日寇卖命，我们可以给你指一条路。”

王波：“只要我能办到的，一定尽力。不过，北平有家室，怕他们受到牵连。”

“只要你愿为我们工作，马上可以回北平去。”经过一番教育，并让他履行了为我秘密抗日服务的登记手续、规定了联络方法后，我派人将他送出根据地。

“这样的汉奸，怎么给放了，便宜这小子了。”大家议论纷纷，我也没有类似经验，对这样处理是否妥当，并无把握，完全是跟着感觉走。一回到军分区，我即向政委段苏权同志、地委书记苏梅同志汇报。“处理得对，放比杀好，忘了‘诸葛亮七擒孟获’的典故了？”首长安慰我说。没过多久，王波主动把“清剿”情报传递给我方，我这个心结才算解开了。

五、深入虎穴　秘密会见伪军团长

1943年，我潜入秦皇岛，策动伪军山海关警备团团长张爱仁起义。人生里有许多第一次，我首次尝到了“潜伏”的滋味。谍战长城东，“余则成”出场了。作为情报人员，头一条就是要会“化装”。先声明，我长得并不“困难”，才不愿做小资产阶级的那种“臭美”事。但这是保护自己的一种手段，打扮得符合自己身份。文质彬彬的人扮成教书先生或商人，健壮结实者就得考虑扮小贩工人。一举一动、举手投足都要模仿到位。

我化装成商人，由先行派往张部担任连长的江东作向导，从我根据地步行30里至秦皇岛。我身着西装、脚蹬一双皮鞋。头遭穿皮鞋，那30里走的，对我这样穿惯了布鞋的人来说真难受，穿这行头还不能走急，否则一看就知是冒牌货。

我们天不亮就出发，中午进了城，由于我剃的是根据地流行的“革命头”，进大城市须得入乡随俗，进城第一件事就是找理发店。结果意外还是发生了，虽然我的装束身份像老板，可当我脱下西装时，被理发师发现“口袋十分沉重”。

糟了，枪在里头，没办法，我只能硬着头皮把衣服抱在胸前。理发师使了个眼色，店内的伙计就跑出去了，一会儿就来了几个鬼头鬼脑的家伙蹲在门口。怎么办？可能走不了，我趁理发的工夫下意识的咳嗽了声，江东一下子明白了我的意思，冷静冷静，狭路相逢智者胜。

理完后，我装作伸懒腰，把枪迅速转到裤兜里，轻松地拿起衣服，很有派头地唤江东走出门。便衣不知我是哪条道的，也不敢阻拦，只能跟着我们。

当走到一三岔口时，正好有两家商店正对门，旁边还有条小巷，我装作进商店买东西的样子，朝江东努了努嘴，趁便衣朝商店张望时，我俩一闪身进入巷子，江东路熟，绕了几个圈后，甩掉“尾巴”，来到了张爱仁的公馆。

来不及喘口气，一见到张爱仁，我就将李运昌司令员交代的情况原原本本传述给了他。张爱仁不断打着哈哈，东拉西扯，一副墙头草的样子。顿时，我生出一种不好的预感，在张给我准备的宴席上，我只草草地扒了几口。接近黄昏，张好意劝我留宿，“路远天黑，刘先生还是别走了，正好去北戴河转转。”那时候，哪有心思度假旅游啊，只想赶快回到根据地。“谢谢团长好意，后会有期。”趁着夜色，我迈开大步，一路疾行，安全抵达根据地。

之后，张爱仁曾向我方送来敌人“扫荡”情报，并为我们购置了军用电池、药品、弹药等急需物品，表现很积极。尽管如此，我通过与张爱仁的接触，感觉此人两面三刀，不可信任。后来的变化印证了我的预感……

1945 年，冀热辽军区主要领导人合影。左起：司令员兼政委李运昌、政治部主任李中权、副司令员詹才芳、参谋长彭寿生

1943年中秋节前，张爱仁开始频繁与我军联系，强调日寇对他已有怀疑，为了避免损失，他拟提前行动，早日投向抗日阵营。对张爱仁提出起义，我们开始有些举棋不定，因为根据内线的消息，情况并未如张爱仁所说的这般严重，可也不能不重视，毕竟是一支难得的生力军。讨论会上，大家踌躇着。“司令员还是让我去吧，我熟悉。”李运昌司令员点点头，随后约定了见面地点，这一次进城目标太大，只能把地点选在敌我边缘交界地带。

一见面，张爱仁像见着救星般的作揖，“刘部长，求您拉兄弟一把，弟兄们都等不及了，再不起义的话，我们全团千百号人就没命了。”“你准备什么时候动手？有多大把握？万一鬼子发现了怎么办？”我打断他的话。“放心，正好过几天我们有‘扫荡’任务，只要一脱身，我们就自由了。鬼子一般来的都是小队，再说兄弟的枪也不是吃素的，到时候，你听我们的枪声就是了。”“真那么顺？”我始终带着疑虑，可他说的又是那么信誓旦旦，不好再泼他的冷水。“中秋节后的第三日，你率部由秦皇岛向北挺进，我可在海阳镇附近假装迎战，到时择机而动，待我向李司令汇报后再作安排。”“一定一定，兄弟早就等着弃暗投明的那天了。”张爱仁点头哈腰地回答说。

张一走，我急回十二团驻地，向李司令员汇报，初定暂按原计划实施，十二团先到平市庄一带活动，观察敌情变化。我随十二团一起行动，随机应变。当时，李运昌司令员对张的起义半信半疑，似难最后裁定，辗转了几次，李司令还是下决心由他带警卫部队随同十二团行动。我心一热，首长亲自来了，万一有诈，后果不堪设想。“敌变我变、准备最坏、争取最好。”看着李司令镇定自若的神态，我的心才稍微放了下来……

中秋节过后的第三天，我们提前到达了平市庄安营，紧张地做着准备。约定时间过了半小时，都不见张部的影子，老天也不知趣地下起大雨。这时侦察员急报，周围据点突然增兵，朝北边压了过来，派去张爱仁部联络的同志一个也没有回来！糟了，李运昌同志立即召集开会判断，可能起义有诈，敌人企图用张做诱饵，吃掉我主力。撤，部队往西转移，随时准备战斗。我和少数同志留下再等等，半小时后，机断专行。敌人来了，约莫半小时，就远远看见敌人的大队人马一齐向我平市庄周围包抄过来。

幸好主力转移了，我们撤。雨大风急，我和几名战士沿着商量好的撤退路线冒雨急进。我穿着一件雨衣，几次嫌累赘想脱掉，可又舍不得。走了不到一里，忽然在一座小庙前撞到了敌军的机枪埋伏，大雨救了我们，敌人因雨太大，并未发觉，我也不知道竟撞到敌人枪口上，警卫员刘鸿章反应快，很有经验地向前一跳，迅速拔枪压住了敌人火力，我们几个赶紧朝东边树林跑去，敌人的机枪响了，子弹把雨衣扫了个洞，擦着飞了过去，好险，“防弹”雨衣救了我的命。一进树林，跟着我的文书陈敏就不见了，“首长，小陈牺牲了。”一位同志颤颤地告诉我。他才 18 岁，我难过地闭上了双眼……

敌人在树林里吼叫着，几次都看到了尖尖的皮靴，我把手榴弹弦死死地挂在拇指上……搜索持续到夜晚才结束，趁着夜色我们摸出树林，到一“堡垒户”家时已是半夜，几经周转回到了部队，见到李司令时，我几乎说不出话来。“不除张爱仁，我誓不为人。”恶有恶报，不是不报，时候未到。没想到以后，我竟借敌之手除掉了他。

六、杨家铺，那场影响了我一生的残酷突围战

从战争中走来的军人，总有场决定人生死轨迹的战斗嵌植在自己的生命里。1944 年杨家铺子突围战，是我一生难忘的战争记忆。那场突围是光荣的也是惨烈的，我的人生也在这场战斗中裂变。

1944 年 10 月上旬末，冀热边特委、行署、军分区在河北丰润县的皈依寨召开扩大工作会议。10 月 16 日晚，我特委、行署和丰滦迁联合县等机关，在丰润县皈依寨召开会议，研究深入开展减租减息运动问题。会议将近结束时，忽接到日军在丰滦迁大量增兵的情报，冀热边特委组织部部长周文彬同志立即决定南撤，转移到杨家铺一带。当晚周文彬率两个排前往李庄子，冀东区第四地区区委书记兼专员丁振军率四连前往夏庄子，特委宣传部副部长吕光、特委社会部部长钟子云、行署主任朱其文和十二团特二连连长刘景余率一个排驻杨家铺。

傍晚，周文彬和钟子云二位领导同我谈话，研究今后如何开展对敌工作，结束已至 11 时。我本想连夜西渡滦河，回到地委驻地，但两位领导却热情地劝我就地休整："行军已很疲劳，过河不易搞到船只，敌人骚扰频繁，还是今夜好好休息，明天再过河吧。"于是，我当夜随机关一起住在杨家铺西的老乡家中。

没想到，这一短暂的停留，让我经历了冀东抗日反"扫荡"以来最残酷的一次战斗，更未想到，作为幸存者活下来的坎坷考验不亚于闯过枪林弹雨的生死线，这场战斗的影响始终牵绊着我。

战斗的警报是从拂晓突然拉响的。

长期情报工作养成的习惯，让我尤为警惕，我深知，敌情极有可能在意想不到的时候出现。天刚蒙蒙亮，我下意识地从熟睡中醒来，起身出门，除了警卫哨，同志们都在休息……正欲回屋，突然听到机枪射击声，一排子弹撞击在我身边的土墙旁。敌人摸上来了！我顾不得隐蔽，朝枪响处望去，只见村后的东山已被日寇占领，机枪从不同角度射击，形成火力网。

“鬼子来了，准备战斗，马上转移！”我疾步回屋，命令秘书和通讯员。同志们都做好了准备。我和秘书彭飞、译电员方明、警卫员李锡儒和交通员石坚、费新、李永等人一起，背着文件，牵着牲口，子弹上膛，向暂时没有枪响的村南撤去。

出村以后，东西两山居高临下的有利地形均被敌人占据，而离村几十里的西面就是敌人左家坞据点，只有南面的开阔地带尚未发现敌人。我们开始向南转移，跳出了包围圈。

当走出村口四五里远时，我们便与冀东行署主任朱其文同志率领的机关干部和警卫连会合。他们是从杨家铺出来的，准备向东转移，到何家营一带突围。我本可随他们一起撤退，转赴十八地委，但总担心村中的同志。向村中回望，只见同志们仍在徘徊，未能向南突围。谁都知道，留下来就是九死一生。

“你们先撤！”来不及考虑，我命令秘书、译电员二人随行署机关向东转移，我带警卫员、交通员四人，回到杨家铺，接应同志们向南突围。

这时，李庄子、夏庄子以及邻村的父老乡亲都向杨家铺奔来，接着村西头响起了一阵枪声，敌人利用晨雾作掩护接近了李庄子。听到枪响，警卫连战士们在连长刘景余带领下，疏散队形，扑向村外，依托有利地形进行阻击。周文彬表现得相当沉着，他一面派出侦察员摸清情况，一面从枪声中判断敌人的远近，迅速地布置着任务。

侦察员报告：“西面已与鬼子接火，东面、南面、北面暂时还没情况……”周文彬与丁振军书记商定，二连奉命顶住敌人，机关干部迅速转撤到杨家铺。五分钟后，机关的干部和其他同志迅速向杨家铺靠拢。周文彬站在一块大石头上，大声命令着指挥撤退。当地出身的连长刘景余熟悉地形，建议队伍向北部山地转移。大家同意他的意见，决定由杨家铺村北马蹄山下向皈依寨、潘家峪转移。但不久，何家营又发现了敌人，马蹄山对面的东城山，也出现了敌人。见此情况，周文彬同志果断命令："销毁文件，彻底轻装，准备突围。"这时，刚退到村东头的我遇到了周文彬、钟子云、丁振军等同志和突围部队。

我当即报告："情况紧急，敌情严重，应马上撤离。我刚从村南回来，那儿没有发现敌人，行署机关已安全通过。"正在这时，已经突围出去的第三专署专员高敬之同志也从村南赶来，让他们迅速向南转移，但因突遭袭击，敌情不明，对撤离转移至何方一时难以决断。只听秘书长李杉同志命令机关干部听从指挥，不许自由行动。这样，我只好也随机关同志先上山隐蔽。突围前我请示钟子云同志，无法再带叛徒江东（从伪军团长张爱仁处逃回来的投敌叛变分子），先予处理，他点了点头，我即命警卫员刘鸿章同志结果叛徒。

杨家铺血战中，当年部队突围的大沟

敌人的火力越来越猛，转移已是不可能了，我们退至山上，卧倒隐蔽。

突然，一名通讯员赶来报告："丁振军同志牺牲了。"这位年轻的地委书记，率领第四区委警卫连三进三出，本来有冲出去的希望，但为了抢救战友，又几次冲进了包围圈，英勇无畏，最后壮烈牺牲，年仅31岁。顾不得悲痛，周文彬同志从马头山南坡下达了突围的命令。只听他高声呼喊：“同志们，情况紧急，向南冲，突围就是胜利！”

特二连带头，机关干部在后，全体冲锋，连长刘景余带领警卫连在九挺机枪的掩护下，首先冲下山去，大部队紧随其后，子弹像风一样在我们身边刮过。血染红了山坡，尸体遍地。大家只有一个念头，就算死也要向前倒。刚一进沟，钟子云同志就被子弹撂在地上。“通讯员，掩护首长。”我立即派通讯员费新保护首长。不幸，费新同志还没靠上前就被火力扫中。

紧接着，我眼睁睁地看着吕光同志和他的妻子俞芬同志一齐倒下。吕光胳膊中弹，刚站起身胸口又中了一弹，俞芬马上搀扶他，也被击中，两个人没说上一句话，就牺牲在沟里。吕光同志是我在延安的同学，俞芬同志正怀着孩子，他们是那么的年轻，就这样在战火中把热血永远洒在了冀东的长城线上。后来在吕光夫妇牺牲的地方，连种出的高粱叶都是红色的。吕光牺牲时间不长，王少奇和李杉等同志在战斗中相继牺牲，800多人的队伍，只剩下300多人了。

更令人难过的是，这次战斗的最高首长周文彬同志也牺牲了。

周文彬原名金成镐，1908年9月23日出生在朝鲜平安北道新义州。1931年随父流亡到中国，在北京通县侨居，后加入中国国籍，并光荣地加入了中国共产党。1936年他到冀东，在开滦煤矿搞工人运动，任唐山市工委书记。1938年他领导了煤矿工人罢工和武装暴动，并与著名工人英雄节振国一起，组建冀东抗日联军特务大队，同日伪军进行了英勇的斗争。1939年他担任冀东地委书记。从1943年起任冀热边特委组织部长。

周文彬为人忠厚，关心群众，生活节俭，作风淳朴，在冀东干部和群众中，享有很高的威望，大家都很亲切地称他为“大老周”。他一到新区，就住在老乡家，村干部和老乡常把周文彬当成是警卫员。在熟悉他的地区，老乡还笑着说，周部长你像个周邋遢，干脆以后我们不叫你部长，叫你周邋遢好了。他微笑着说，叫什么都行啊，我这样的邋遢干部多点才好呢。

他给我印象最深的是对我们隐蔽斗争十分关心，常对我们进行中肯的指导与热情的支持，他是冀东抗日根据地的卓越开拓者、领导者、组织者，又是冀热边抗日根据地的组建者。他是一名国际主义战士，是中朝人民并肩抗日的最好体现。在生命的最后几分钟里，他还从牺牲的战士身上捡起一支三八枪，一连打倒好几个鬼子。这时本已冲出包围圈的连长刘景余见大部队没有跟出来，又端着枪杀了回来。当看见倒在血泊里的首长，他顿时泪流满面。警卫连多是本地子弟兵，刘连长和他的战友们把鲜血和生命都留在了家乡的土地上。

在突围中身负重伤的钟子云同志，子弹由头后部穿进，从鼻梁的右侧穿出，右臂也中了弹倒在血泊里，失去知觉。敌人搜查时，他强忍伤痛，憋住呼吸。敌人走后，他在半昏迷的状态下挣扎着顽强地爬了一夜，第二天凌晨，幸被十七地委社会部长李东冶同志发现，用担架抬到李家沟山洞治疗。

战争让人悲伤，同时又让人在经历生死后变得坚强。目睹这么多好同志牺牲，我强忍悲痛和泪水，心里只有一个念头，突出去，突出去给他们报仇。

在这场悲壮的杨家铺子战斗中，牺牲的约430余人，被俘的150余人，成功突围仅有120余人，寡不敌众，我方干部多，战斗人员少，这次战斗的惨重代价是冀热辽地区空前的。晋察冀军区聂荣臻司令员说：“杨家铺战斗是我军在华北抗日战场上的一次罕见且损失重大的战斗。”

是什么原因让敌人偷袭得手？没想到，这个谜底让我后来在敌人狱中解开了。

后来，为纪念当年牺牲的同志们，杨家铺建立了烈士陵园。青松有幸伴忠骨，陵园里安放有周文彬、丁振军、吕光、俞芬、李杉、王少奇等先烈的英灵。解放后，我曾多次去烈士陵园，向当年牺牲的烈士们祭奠，寄托哀思，缅怀逝去的战友。他们没有远去，永远活在我的心里。

在杨家铺战斗中牺牲的部分党政干部，从左至右依次为：周文彬、丁振军、吕光

杨家铺战斗是反“扫荡”的一次缩影，是黎明前的黑暗，但不管敌情有多么险恶残酷，我冀东部队始终未被敌人压倒屈服，牢牢地钉扎在日伪的“满洲国”境线上。经过1944年和1945年大反攻后，部队迅速壮大，由小团开始扩充为大团，由地方武装升级为主力，成立了数个军分区，队伍达到万余人。

七、重伤被俘　身份暴露

战斗仍在继续，身边的战友越打越少，不断有同志倒下，只听有人高喊："南边封死了，往东边冲。"剩余的队伍蹚着血路朝东奔去，鬼子很快察觉了我们的意图，机枪迅速封堵了村口。当我刚准备攀跨过围墙时，一串扫射来的机枪子弹一下子击中我右臂腕部，血顿时喷了出来，警卫员李锡儒急忙用毛巾裹住我的伤口。

"不要管我，赶紧冲。"我咬牙坚持，但血止不住地冒了出来，估计是伤了动脉，支持不住。警卫员架着我往前走，刚走了没几步，我的左右两臂又被子弹打中，一枚弹片刮在了前胸，我昏迷不醒，已无太多意识，只恍惚记得警卫员背起了我……

"部长，您醒醒。"警卫员使劲把我摇醒，我发现自己靠在一葡萄架小石屋墙角边。

"我没死？渴，队伍怎么样了？突出去后，把文件藏好，注意隐蔽，一定要死拼。顶不住时，最后留下两发子弹，你先把我打死后再自杀。死也不当俘虏。"

李锡儒很快将文件撕碎，和高敬之专员的警卫员一起伏在石屋门边，准备战斗。一小股日本鬼子向小石屋奔来搜索，行至不远，李锡儒开枪射击，接连打死五六个鬼子。

附近的敌人听见枪响围了过来，突然李锡儒的枪卡壳了，在这最后关头，他不顾危险扑到我的身旁，用干草秫秸将我仔细地掩藏。他用生命来保护战友，我永远难忘他的忠诚和勇敢。此时敌人已将小石屋团团围住，横着刺刀，拉着手榴弹弦在小石屋外凶狠地怪叫，几个同志先后成为俘虏。李锡儒把枪扔在我脚下的草里之后也徒手被俘。敌人用刺刀逼问他里面还有几个人，李说一个也没有了。敌人在屋外向里望望未进屋，确定无人后就把李锡儒等几个人押到大批被俘的人群中。

没想到，半小时后进来两个鬼子把我从石屋里拉出来，此时我已丧失知觉，身穿的四套单衣全被鲜血浸透。敌人见我穿着四个口袋的军服和马裤，得意地狂叫："唔——大大的太君！"随后敌人牵来一头毛驴，把已没有一点行走能力的我抬到驴身上，可一松手我即掉了下来，鬼子气汹汹地扇了我几个耳光，这时的我，已处昏迷状态。

最后，鬼子抓来四个老乡用门板当担架把我抬走了。在行进中我渐渐从昏迷中苏醒过来，眼前尽是日本鬼子，当时的第一念头是，"我被俘了，绝不当俘虏，死也要死在战场上！"可伤势甚重的我全身好似瘫痪一般，毫无气力，怎么办？只有自杀！听说受伤后喝凉水很快就会死，我向押送的鬼子想要点凉水。鬼子十分狡猾，不但不给我水，反倒朝我吼道："你的自杀的不行，凉水的不给！"我躺在担架上，忍着剧痛，努力侧转着身寻找着熟悉的同志。

从杨家铺向敌人据点左家坞行进途中，夜幕将至，在半路上，我悄悄地让一位老乡找到我的警卫员李锡儒，让他到我的担架旁边来。不一会儿，李锡儒趁着夜色摸到我的身边，由于两边都是被俘的同志，押送我们的鬼子又离得较远，给了我俩可以小声说话的机会。我对他说："咱们已被俘，审讯难免，很难活着出去。敌人若问我的身份，你就说我是警卫连的连长；再问我的名字，你就说我叫刘建华。再问别的你就说不知道，死也不能暴露我的名字和真实身份，并告诉李永、石坚同志，你们最好利用天黑敌人不警觉时，设法逃回去，向李运昌司令员报告，我负伤被俘了，最好设法在左家坞到丰润县的公路上设计伏击，营救被俘的一百多人。"

李锡儒默默点头明白了我的意思，说完我又昏沉沉睡去。到达左家坞据点时，已是晚上八九点钟了，对面看不清人，大街两旁围观的老乡很多，李锡儒乘乱混入人群中，坎坎坷坷地摸黑走了半夜，才到离左家坞北二里的下坡子庄，经老乡指路，总算走到青龙河沿附近，找到了行署公安局长黎耘同志。他详细地向组织汇报了战斗和被俘经过以及逃回的详细情况，并写了书面材料，转交给了李运昌司令员。

当夜，我和其他被俘的150多人一起被关押在日军的左家坞据点，敌人为了显示对我的“照顾”，把我单独地关在一个马厩里，和四个抬担架的老乡同住，其余被俘人员均关在一个大房子里。我已经整整一天没喝一口水，没吃一点东西了。夜深时，我渐渐苏醒过来，看看身边，四个老乡横躺竖卧地睡着了。我艰难地挪动着手臂，颤抖着一个口袋、一个口袋地摸了起来。直到此时，我才发现珍藏的三件“宝贝”不见了。

一是大号红色“派克”钢笔，这是临抚昌联合县东部区长魏军同志送我的一件珍贵礼物。

二是我随身不离的德国造“枪”牌撸子，这是1942年春节我离开分局社会部时，许建国老首长送给我的一件心爱纪念品，它是老领导多年随身护卫的武器，因为我要离开边区到更加残酷的冀东工作，特送给我作为贴身的武器。我十分珍惜，小心保存。

三是一款白金壳的怀表，是秦皇岛日本宪兵队长武田的心爱之物，特务江东从山海关跑回来时交我的。这些肯定被搜查的鬼子当“战利品”抢走了。好在我的一个小笔记本仍在上衣小口袋里，那上面记载着很多重要情报关系的联络暗号、代号以及秘密联络的地点与方法，有我们自编的姓名、地点等绝密材料，只有我和钟子云同志各保存一份，还有译电员方明同志也留了一份。我暗自舒了口气，没有泄露机密。我想将小本取出销毁，但手指像没有一点知觉的木条儿，怎么也解不开衣扣。怎么办？被鬼子搜出来，那就糟了。

想到这里，我忍着痛轻声唤醒离我最近的一位老乡，恳求他帮我解开衣扣儿，而后我吃力地掏出小本子，把有字的纸撕下，艰难地送进嘴里，慢慢地嚼烂，用干涩的喉咙一点一点地咽下去。我用这样最原始最简单也是最可靠的办法保守了机密，使我可以放心应对敌特的搜审，免去我对其他地下工作同志的担心。这是我被俘120天的第一夜，我头一次体会到了被俘后保密的艰难，也用行动证明了自己对党的忠诚。

10月18日清晨，鬼子没等我们吃饭就把全体被俘人员用大卡车押往丰润县。我因伤重，难以坐立，只能躺在大车上。到了丰润县时，日本鬼子又使出手段令我们下车列队向城内徒步行进，想以此炫耀自己的胜利，沿途两旁站满了围观的群众。我不能走路，只能在几个被俘同伴的搀扶下十分艰难地缓慢移步。“戴镣长街行，蹒跚复蹒跚，市人争瞩目，我心无愧怍。”壮志未酬，军人被俘后的感觉是何等的不甘。

进城后，我仍被单独关在县看守所内的一间小屋里，这时敌人已经等不及了，急迫地想要弄清我的身份。中午一日本军人带一名翻译，到囚房对我进行审问，我仍按事先准备的口供，应付敌人，坦然地告诉敌人，我叫刘建华，是警卫连连长，共产党员，25岁。不到十分钟审问就匆匆结束，敌人显然根本就不信我的口供。

因我两手十指失灵，不能合拢，难以进食，中午由看守所找人帮我盛饭。我借机提出要求，从被俘人员中找一人帮我吃饭，没想到，当晚是由交通员李永同志来照料我的生活。李永悄悄地告诉我，敌人正挨个地拷问被俘人员，追查我的身份职务，甚至动刑逼供，但大多数同志并不认识我，所以没问出个所以然来。

谁承想，第二天上午，从唐山找来曾与我见过面的伪新民会会长张铁安（外号张瞎子），被敌人派到丰润县看守所，向敌人指认我就是刘杰。从此，我的身份便暴露了。张铁安原来是我们的情报员，后向敌人自首，成为叛徒。当他到丰润县看守所时，李永同志已告诉我，“张瞎子来了”。我装病，睡觉，面朝墙，不予理睬。但他的话我却听清了，他谄媚地向敌人说：“太君没错，他叫刘杰，是军区联络部长，我见过他，他认识我。”然后他又向李永同志说：“我是张铁安，专门从唐山来，他醒来后，请你转告他，望他保重，请将这一百元给刘先生……”然后就悻悻地离开了囚房，我侧眼望着他离去的背影，对李永同志说：“这个卖身求荣的汉奸，还有脸说什么要我保重，他有什么资格讲话！”可他这一来，都已明了，我暗地告诉自己沉住气，与敌人真正的较量开始了。

下午3点多，我被允许由李永扶着到看守所的后院晒太阳，这是我被俘后第一次见到太阳。许多被捕的区村干部同志都到囚房窗口瞅望，战友变成了难友，我们还能继续战斗吗？我在心中默念着，望着同志们，那真是一种说不出的悲壮。

刚进后院没一会儿，忽见两个穿着日本宪兵军服、佩戴军刀的日本军官，带着翻译向我走来，看守给他们搬来了三把凳子，坐在我的对面。一时间，难友都扒在囚房窗口望着我。只见一年纪在30岁左右的鬼子皮笑肉不笑地对我说："见到刘先生非常高兴，欢迎！欢迎！我们找了你一年多了。刘先生年轻英俊，又身负重任，佩服！佩服！今天来看望刘先生，希望能跟刘先生交个朋友。"

他讲完后，翻译用中国话讲给我听。"笑话，有你们这样交朋友的吗？你们也配谈朋友！你们在中国干了多少坏事，杀了多少老百姓！但你们吓不倒我们，我们不怕死，只要能把你们赶出去，我们在所不惜！血债一定要用血来还！既然你已知道我是干什么的，那我告诉你，别想从我嘴里掏出任何东西，我们八路军死也不投降，带我回监。"

翻译把我说的这些话翻译后，他表情僵硬，无可奈何。大概他早就知道我不可能轻易开口。未承想，我的话博得了看守所内被捕难友的共鸣，他们大声喊："讲得好！讲得好！"甚至有的人情不自禁地拍起手来。

"不许喧哗！"敌人用刺刀指向囚窗，环境一下子又变得安静起来，只听鬼子又哇啦朝我讲："我们大日本帝国对你们是实行'中日亲善，共存共荣'，目的是为了建立东亚共荣圈，我们是来帮助中国人脱离苦难的。刘先生还不了解，没关系，慢慢来，你的不明白，我会帮助你，使你逐渐明白，我们还可以共同合作携手建造一个新东亚嘛！"

"你们的大东亚是什么样呢？"我反问，"不要向我宣扬你们那套歪理，你们在中国奸淫烧杀，大肆掠夺，肆意破坏。在华北，在冀东实行灭绝人性的'三光'政策（房子烧光、财物抢光、人都杀光）。到处是千里无人区，强修'人圈'。有多少无辜的百姓死于你们刀下，那是人能干出来的事吗？还'共存共荣'，'东亚共荣圈'！只要有一口气，我们就要打到底。"

翻译讲完后，鬼子摇了摇头无奈地说："误会，这都是刘先生的误会，你会慢慢明白的，今天第一次见面，也不可能完全说服刘先生。我们下次再谈。”

“不用你说服，你也说服不了我。你们对战俘严刑拷打，不讲人道，这是什么亲善行为，这是误会吗？我们八路军对所有俘虏不打骂不虐待，你们能吗？”敌人一下子被噎住了，这时已近黄昏，敌人没有任何收获，便匆匆收场，临走时撂下几句话：“今天不早了，刘先生身有重伤，不宜多谈。以后还有时间，就此告别，请刘先生好好休息。”

后来我才知道这次同我谈话的就是唐山1420部队宫下大尉，另一个日本人是唐山宪兵队长川上大尉，翻译是朝鲜人，名叫张××，他们是日本关东军特务机关华北特遣队的。日本帝国主义为了进行大东亚战争，对东北伪满洲国采取了“固边政策”，防止华北抗日武装进攻，专门在唐山市设此庞大的特务机关。他们受关东军特务机构管理。

这次审讯，是我和鬼子第一次面对面的较量。我明白以后的斗争会愈加残酷，随时都可能面临酷刑和牺牲；活着就跟敌人斗，就是死也要死个痛快，让他们看看什么是真正的共产党八路军。后来，我虎口脱险后，曾听到从丰润县看守所释放回来的被捕同志流传我当时较量的情景，认为我大长了中国人的志气。其实我只是做了一个中国人该做的而已，道出了自己的想法，没人愿意当汉奸亡国奴，尤其是当你看着自己熟悉的亲友牺牲后生出的复仇感。仅1942年一年，鬼子就在玉田县制造了数百起惨案，惨绝人寰地血洗潘家峪，男人、老人、妇女、儿童，1230人被杀，33户人家被斩尽杀绝；还有鲁家峪、盘山田家峪……每当想起这些，那些复仇的种子就激励着我们每个冀东的战士去战斗，去牺牲。

八、决心以死保守党的机密

叛徒的出卖，使敌人知道了我的真实身份。他们俘获了一条梦寐以求的大鱼——冀东地区情报部负责人，专司对敌情报工作，从我嘴里，肯定能掏出冀东东北的情报组织。毫无疑问，敌人不会放过我，这对他们太难得了，但他们也明白，我是不会轻易开口的，只有软硬兼施，恩威并举才可能挖出情报来。他们错了，从我参加革命的那天起，我就把一切交给了党，决不会因贪生怕死而当叛徒。当晚回到囚室，我紧张而冷静地思索着，战场牺牲易，刑场就义难。已经被俘四天了，我必须抢在敌人下次审讯之前，作出选择。

铁窗外，夜色黑沉，万籁俱寂，牢房内更静得只听见我心跳的声音。身陷囹圄，孤军奋战，我静卧在床上，心怀战友，思绪翻卷。那巍巍的延安宝塔山和奔腾的黄河水，那雄伟壮观的万里长城和延绵流长的滦河，气势磅礴的燕山……什么时候才能回到队伍里去战斗、拼杀！

可情况紧急，军区重要的内线和上层关系均由我直接掌管，组织一定获悉了我的情况，地下工作者也一定知道我已被俘。因为我，会不会影响组织的派遣部署，会不会给同志们带来危险？但我已重伤被俘，无法取得联系。没多少时间考虑了，我知道，我必须用生命来证明忠诚，免除党和同志们的牵挂，保全地下组织。我低声唤来交通员李永，他忠实可靠，只有依靠他才能实现我的选择，屋内有一条挂洗脸毛巾的小绳，用绳子“解决自己”是唯一可行之策。

冀东八路军部队进行刺杀训练

趁着夜色，李永来到我身旁，我小声对他说："情况十分清楚，敌人已经查明了我的真实身份与任务，我身负重伤，敌人不会放过我，凶多吉少！我不可能出去了，抗战就要胜利了，为了保护组织，免除领导担心，我必须一死。你用这根绳子把我勒死。要快！"李永当时就哭了，他流着泪劝我："首长，你不能死，要活着，会有机会和办法的。""来不及了，执行命令！"李永含着泪点了点头。

我靠卧墙壁，人之将死，多少事涌上心头。我自幼在苦水中泡大。三岁时父亲无力养家、外出河南当兵，一去九年，没有给家中捎回一个铜板，一家老少五口，只靠母亲给人家缝衣洗衣赚钱糊口，祖父、祖母年迈多病。我是长子，六岁开始劳动，挑水、卖水，到处捡煤炭。直到九岁，才勉强在外祖父家免费上了三年私塾。现在祖父祖母及父亲先后病故，家中生活完全靠老母及小弟维系，久无音讯。我死之后，老母小弟靠谁生活？我尚未成婚，才刚 25 岁……

1933 年我自愿加入少共团，1935 年底秘访苏区，从此，在我幼小的心中就播下了革命的种子，当红军是我唯一愿望。后组织派我从事党的地下秘密工作。1937 年在白色恐怖下，我秘密入党并赴延安，接受党的培养，受过保卫工作的专门训练。党中央于 1939 年派我挺进敌后，从事敌区工作。

我早已多次遇险，从不畏惧。战争年代，牺牲是必然的，只有不怕死的人才配活着。

参加革命以来，多少战友走在了我前面。如今我身负重伤，唯有向死而生。想到这，我借着微弱的灯光，给李运昌同志写下了简短的绝命书：

“敬爱的李司令员：我因重伤被俘，难以脱险。为保护组织，严守机密，我决心以死报国。抗战必胜，日寇必败。恳望领导率部英勇奋战，为死难同志报仇，我将含笑九泉，死而无憾。谨致崇高党礼。”写好后，我将它叠成小卷交给李永同志，并嘱咐他，若有机会回到根据地，一定交给李司令员。黑夜中，我又摸索着在牢房墙上用铅笔写了四个大字：“为国尽忠”。然后小声向李永说了一句：“动手吧！”这时，我已靠壁静坐，心绪尚宁……只见他双手颤抖地将挂毛巾的绳子摘下来向我的颈部套好，用力一勒，一下子，我便失去了知觉……

不知过了多久，我隐约又听到李永同志话声：“不行！不行！你挣扎劲太大，外面哨兵已经听到了。”过了一会儿，我恢复知觉，忙问：“怎么回事？”李永泣不成声地说：“我勒紧后，你一个劲乱动，本能地挣扎，我很害怕，仔细一看，我没有把绳子扣儿勒死，你一挣，绳子就松了，外面巡逻哨兵已有所发觉，明天再想办法吧！”这时大约四五点了，天已黎明。我明白自尽未成，已引起敌人警觉，只好再做打算。

在“文化大革命”中，曾有专案人员外调李永追询此事，他说：“任远是我的领导，年纪那么轻，又负了重伤，我硬着心将他勒得昏死过去，他下意识地挣扎，我又狠心勒了几次，实在不忍心将他勒死，手软了，放手后过了很久，他才慢慢地苏醒过来。”

翌晨，吃过早饭，敌人就把李永同志带走了。李永走后，我考虑着下一步的行动。中午，敌人临时从看守所找一被捕同志帮我用食。下午2时许，全体被俘同志被拉上几辆大车驶向唐山公路，傍晚时进了唐山市。

这是我被俘后第一次死而复生。没想到第二天，我又遭遇了一场生死考验。那是10月20日夜刚被押解到唐山，敌人用担架把我抬到陆军医院。军医简单地诊断了一下我的伤情。由于被俘后连续两天没有进行任何诊断医治，我伤口感染，十分虚弱，血渗透了我身穿的四套单衣，已粘在一起。军区发现我的右胸部有一手榴弹片，他们给我打了麻药，取出弹片。手术刚完，一日本军官突然来到我的担架旁，见我身着干部服，便两眼狠狠地瞪着我，突然用中文大吼：“太君！死了死了的好！”

我已抱必死决心，面无惧色，毫不理会鬼子。突然这个鬼子抽出军刀用刀背架在我的脖子上，我心一横，眼一闭，等着他动手。没想到他只是来回比画了几下，就停手了。看来他不是真杀我，是想用刀恐吓我，崩溃我的意志。我在心里狠狠地骂他：“狗日的小鬼子王八蛋，老子不怕死。”这是我第一次面对鬼子的屠刀，又一次尝到了死亡的滋味。

是的，生命不怕死，在死的面前笑着跳着，跨过了逝去的人们向前进。

如今我 90 多岁了，已到耄耋之年。回首两次死而复生的经历，感慨万千。什么是生命的硬度？是信仰和意志。是信仰支撑我而生，是意志让我战胜了武士刀。没有谁不愿意延长生命的长度，可抗日当前，国家国家，先有国后有家。那时我只有一个信念，跟着党打鬼子。自己在战场上没输给敌人，在审讯室里更不能服软。经历了生与死，血与火，与鬼子的斗智斗勇是我人生中一笔独一无二的财富。尽管后来自己受了不少委屈，但我精神始终都没垮掉，因为我坚信一个人有了理想就有了意志，意志是精神的脊梁。鲜血浸透着意志，融进了我们的精神。说实话，当年抗日，我们不是不知道鬼子的装备比我们好那么多，可打不赢也要打啊，打赢打不赢是胜败问题，打不打是气节问题，就像军歌里唱的那样，“从不畏惧绝不屈服”。我们这个党，这支军队，这里的人民永远是一支不可战胜的力量。

九、在医院击败日特的诱降伎俩

10月21日上午，我被送进了唐山开滦医院，这是一所在当时也算是现代化的高级医院了。敌人给了我特殊的待遇，特殊的护理和特殊的治疗。与昨晚在陆军医院截然不同的是，他们把我安置在一个60多平方米宽敞的高级病房内，内外派有4个特殊身份的人，对我进行监管和看护。其实我很清楚，这是敌人经过研究采取的特殊措施。

屋子虽然大，但四面均有透明玻璃，通过玻璃可看清屋内的一举一动。陪护的有一男一女，均是宫下大尉专门选定的。一个年轻的男特务，是宫下的心腹，东北人，名叫梁明启，20多岁，高中毕业，会日文，应该是接受过日本情报部门的特殊训练，懂些情报工作方法。另一位是长得很漂亮的高中女学生，山东人，临时找来对我进行生活上的护理，因我两臂受伤，难以动弹，生活无法自理，连吃饭喝水都要靠人帮助。这使我十分苦恼，可毕竟这是枪伤，只能等到伤愈后才会逐步恢复原有的功能。

从我的观察来看，那个女学生好像不是职业特务，但与宫下有密切关系，也负有一定的任务，我估计她负有监视、护理、照应我生活的职责。屋外有唐山宪兵队川上队长派来的两个专职宪兵，不穿军服，身着便服，佩带手枪，不进屋来，不与我接触，好似固定人员，并不换人，明显这是专门派来负责监控我的。我始终不知他俩的名字，他俩每天向川上队长报告我的活动情况。在开滦医院治病期间，除医务人员外，不许其他人员同我接触，只有川上队长、宫下大尉可以来去，其他中国特务、汉奸一律不许见我。在将近一个月的日子里，对我基本上是严密封锁，与外界隔离，不许进出，没有行动自由。可以说，我是一个特殊的病人，神秘的伤员。

当时由于流血太多，我的身体十分虚弱，头脑受到震荡，思维不如从前，因此很少与人谈话。他们对我的态度表面上比较客气，不像其他鬼子那么野蛮。他们的主要任务，是治愈我的伤口，让我恢复健康，以便下一步进行审讯。我知道只能积极地等待机会，随机应变，时刻防备突发的情况。

对于日本人把我这个负伤的俘虏实行所谓的特殊“优待”，我心底明白，这明摆着是敌人的怀柔手段。目的是想用精神上、物质上、生活待遇上予以的优厚待遇，来从思想上改变我的态度，放弃敌对心理，进而软化诱降，从我身上搞到他们想要的情报。

我躺在钢丝床上反复琢磨着，辗转反侧。身份已经暴露，敌人接下来会从哪儿下手呢？我是条“大鱼”，鬼子肯定会绞尽脑汁地从我身上，或从认识我的叛徒身上，乃至狱中的其他人身上再搜寻突破点。外面的情况怎么样了我完全不清楚，张铁安这个叛徒会把他所知道的有关我的一切供出，好在他只知道我是联络部长，并不完全清楚我的任务。我必须赶紧想想他可能知道的情况，还有被俘的同志他们或多或少知道些，敌人会不会挤牙膏一样从他们嘴里弄出点来，拼凑在一起迷惑我，现在真成睁眼瞎了，没了任何帮手，完全靠自己孤军迎战。好在我已经死过两回了，过了两遭鬼门关，啥也不怕了。保护同志，保护组织和机密，密码已经销毁，鬼子从我这儿是找不到啥可利用的了，就怕战场上牺牲的同志携带的机密被他们缴去，那样麻烦可就大了。钟子云那份密码最后怎么样了？他是活着还是牺牲了？这些问号折磨着我，逼着我急中生智。

当天下午来了四五个穿着白大褂的军医，对我进行第一次全面检查诊断，经过几个外科专家会诊认为我右臂腕部伤重，要不要截肢，锯掉有伤的部位，还要再进行 X 光照射后才能最后确定。左右两臂的枪伤，影响了生理功能，待治疗后观察再定。右胸上部的榴弹片，昨晚已摘除，现在缠有药布，过几天再看。这样，全身四处伤口，一一检查后，认为均无生命危险，但由于流血过多，身体虚弱，急需输液。这些日本军医讲日语，我听不懂，由监视我的特务梁明启翻译给我听。经过X光透视，右臂腕部被机枪击中，离神经骨关节仅仅两厘米，最后，外科专家确认可不动手术，设法保护，不致发生意外。

在治疗伤口过程中，只有军医护理，不能同任何人接触，每日卧床养伤，由那位女学生照顾饭食。自我住进开滦医院以来，没有一个中国医务人员来诊断我的病情，完全由日本指派的军医对我进行诊治。敌人考虑得真“仔细”，一定是怕我借医生之手传递情报或脱逃。养伤期间，一有空隙特务梁明启就不断找机会对我进行诱降，试探我的反应。我知他是受命而为，因此有意让他报告些无关痛痒的话语给宫下大尉。

他向我游说：“宫下大尉非常器重刘先生的为人，年轻有为，前途无量。现在日本正在向东南亚推进，实现东亚共荣。中国古人讲‘识时务者为俊杰’，你不要执迷不悟，要为自己前途好好想想……”我对他说：“你不知道世界形势的变化吗？意大利已经失败，德国希特勒也快完蛋了。英美开辟第二战场，苏联红军大举东进。小鬼子没几个时辰蹦跶了，中国必胜，日本必败，已成定局。别信日本人宣传的那些鬼话。你是东北人，当了多年的亡国奴，还为日本人效命，想想自己要紧。你为他们这么卖命，会有什么结果！当什么也别当汉奸哪。”

可他毕竟受日本奴化影响较深，单凭我的话是无法劝动的，只是奇怪的是那个女学生从不插话，在我看来她应该不是什么特务，反倒像是临时找来的，渐渐地打消了对她的疑虑。在屋外负责看管我的那两个宪兵，因玻璃较厚，听不到我们谈话，他们又不懂中国话，所以也不参与。就这样，我在治疗中静静地观察等待，伤也慢慢的开始好转。其实我心里清楚，伤好后鬼子才会出马，梁明启不过是他们派出的小卒子，严酷的较量还在后头。

大约不到一周时间，一天上午，宫下与川上二人又带着翻译来到我的病房，我面无表情，依旧躺着不动。鬼子为了缓和我的敌视情绪，身穿便装西服，不带武器，还让翻译捧着一束鲜花，以示“慰问”。宫下张口问了下病情伤势如何，然后便说："刘先生，现在感觉好些了吗？我们大日本一向尊重中国人的伦理道德。中日文化，本是同文同源。希望刘先生慢慢改变那些敌对的看法，我们会成为好朋友的，共同建设大东亚新秩序，创建属于东亚人民的生活……"

我听了翻译过来的这些烙饼子般的老话，抬起头，不咸不淡地回答："你以为今天你们脱下军装，换上便服，就能改变你们的身份吗？你们仍是侵略者，仍是强盗，这是永远也无法改变的。你我心里都清楚，你们将我放在这里，又送鲜花，又给治疗，好像什么都给我，不过是要我交代我的上线和下线情报关系。我十分明白，你们想用这些来改变我的态度，那是做梦。打消你们的算盘吧，你们见过有几个八路军会投降！"

敌人见我毫无所动，便改用另一种方式试探我的态度："好了好了，刘先生现在好好养伤，不谈这些了。想问一下与你无关的事情不知可否？"

我说："我现在是你们手中的猎物，没有任何自由，一切都操在你们手中。有什么事，你讲就是。"宫下说："随便谈谈，听说你们的领导李楚离、赵濯华到西边去了边区。是不是？"我随即回答："没有，我们在一起开会，没听说他们西去。"

不出我所料，敌人问此，肯定是从被俘人员中逼问出来的，想要我加以证实。一般同志不会知道，他俩到边区去向北方分局汇报工作，然后赴延安参加党的七大。估计此时，他俩正在由冀东经平北向平西，要穿过平绥封锁线，因此我坚持说他们没有西去，否定此种说法，怕敌特进行追堵。

宫下又问："听说，西边又派来了一个情报负责人，是谁？叫什么名字？你知道吧！"我吃了一惊，难道敌人知道了钟子云？忙否认道："没听说。我不知道。哪有什么新负责人！根本没这回事！"我当然不会向敌人说真情，被俘人员更难以知晓此事。因为钟子云刚从边区过来，尚未公开露面，只是参加会议，传达中央指示，一般干部尚不认识他，敌人难以查出。

这时，宫下突然转口追问："你的电台哪里去了？""电台，不是被你们在战场上缴获了吗？报务员不是被俘了吗？我不清楚！”我装糊涂。就这样，我或是反问，或是直愣愣地回答，应付敌人的盘问。

见一无所获，他们便煞有介事地说：“那好，告辞，好好休息。”敌人一走，证实了我的猜想，一些被俘同志已受到审问。但有些真实情况，一般干部和战士是无法弄清的，我完全可以以假乱真，虚虚实实地主动应付。我长舒了口气，为自己坚决吞掉密码本感到庆幸。

在医院护理我的那名女学生叫小张，她对我的处境深表同情，当看到我被机枪打穿的右腕流血太多，全身几套衣服均被血浆粘在一起时，她十分难过，悄悄地流下了同情怜悯的热泪。我很感动，这更坚定了我的想法，她不是坏人。她不像是特务，也不是敌人的“美人计”。有时我便开导她，战争中流血牺牲是难免的，不必过分悲伤。有时候，趁特务梁明启外出不在屋内时，她就主动向我问起一些抗日根据地的事情，我都实话实说，她很感兴趣，我利用这个机会积极向她宣传，影响她，揭穿敌人的把戏，让更多的人了解我们党我们军。

记得一次她问我，根据地有没有女人参加抗日。我告诉她，根据地男女平等，男女都享有抗日工作的权利，我们军队里有许多女同志，有从延安来的，有从边区来的，不少女同志担任了重要工作。她们不怕吃苦不怕累，同男同志一样上前线，打鬼子，非常勇敢，还涌现出不少“穆桂英”“花木兰”呢。

她听了很高兴，问我：“我去参加，行不行？”我诚恳地答应：“行，一定欢迎！尤其像你们有文化的知识分子，会更受欢迎”。她又问：“我们在敌区上学的，要去根据地参加工作，有没有限制？”我说：“肯救国就是最好的证明。”

她很受感动，沉思了好大一会儿，便小声问我，自己想参军，八路军会不会要她？我爽快地答复她：一定要！她又问我有没有女朋友，为什么不结婚？我告诉她，有女朋友，但不想成婚，战争环境，结婚了自然会生孩子，整天打仗，无法养活，所以男女双方都想等抗战胜利后再结婚。我们拉家常般地聊着。这个女学生，家在山东乡村，离根据地不远。后来听说放了寒假，回家主动到家乡的根据地参加了工作。

过了两三周后，我的伤口逐渐愈合，身体也基本恢复，到了该出院的时候了。这时特务梁明启又向我宣扬日本的“仁慈”和“人道主义”，一再向我表明日本对华是友好的，亲善的，劝我要看实际，看眼前，这样才会逐步认识“真实的日本”。我对他讲：“你们的仁慈人道不过是建立在我身上的情报罢了。从你们这些人身上，我看不到有什么‘仁慈’，更谈不上‘人道’，你们给我治伤，实施所谓的优待，还不是怕我死了，挖不到你们所想要的有关情报吗？”他面红耳赤，听完后尴尬地灰溜溜地走了。

这一个月的治伤经历，使我更清楚地察觉日寇的真正用意，对他们来说，我还不能死，从我这儿能做出大文章。我联想到柯棣华大夫，那才是真正的“人道主义”。而这些日寇军医，只是为日本法西斯效劳的工具、侵略者的帮凶，他们对我治疗完全是执行命令，哪里谈得上一丝的人道、善心。

当我伤愈出院后，敌人立即用车把我押送到了宪兵队，单独监禁起来，不能与其他俘虏见面，准备实行隔离审讯。可能关押我的房子还未准备好，没过几天他们又把我押送到川上队长的公馆临时住了几天，让我一个人单独住在川上公馆的客厅，有一中国老汉给川上做饭。这个老汉，我不知姓名，大约四五十岁，大高个子，十分和气，对我很关心，但又不敢多接近，可能川上有交代。我也不便与他多谈。我明白新的斗争又要来了。

十、以特制特 智斗宫下

一天，久未露面的张铁安突然来到公馆看我，还带了一盒精美点心。他假惺惺地“关切”了我伤口治疗情况后，讨好地说道：“宫下太君觉得刘先生前途无量，不知刘先生对未来有何打算？”

我一听就知他是来探口信的，便假意随口答道：“现在还能有什么打算？只能一切听你们摆布。”

他的嘴角浮出一丝笑意说：“太君希望您能利用自己的声望，在冀东地区担任点职务。”

“我已被俘，早已谈不上什么声望，但有一条，我决不做不是人做的事。”

他好像没听明白我的意思，接着露骨地说：“先是当个联络专员，以后再同北边八路军联络。”

“你这是劝我降日当汉奸！白日做梦。你告诉宫下，不论任何情况，我都是一个中国人。今虽被俘，但我的立场决不改变！你好好想想，甘心为鬼子效劳，能有什么好下场？小日本是秋后的蚂蚱，蹦跶不了几天了。”张铁安呆坐了一会儿，无言以对便怏怏而去。我不屑地看着他离开，这些无耻之徒，到什么时候仍不死心，真是瞎子点灯白费蜡。

过了几天，敌人又正式把我送到唐山川上宪兵队，单独关押在一间小铁屋里，门口派了两个穿便服的宪兵日夜监视，不许自由活动，实行单独隔离。在我的东面有一大屋，关有几十个戴脚镣手铐的“政治犯”，我能看见他们的出入走动。而关押我的这一间小屋，却无人能知。我在这里又受到了“特殊”待遇。我同日本宪兵一块儿吃饭，连我所用的被褥枕头，都全是新的绸缎料子，好似新婚用的嫁妆。不用说，这是敌人精心设计的想对我进行政治诱降的一种手段，妄图以此软化我的斗志。其实，这不过是枉费心机罢了。岂不知，我早已做了第三次赴死的准备，随时准备牺牲自己，还会在乎他们这些糖衣炮弹吗？

当川上大尉来到我的囚房问有什么需要时，我大声说道：“把我送回到俘虏营里去，别在这儿给我演戏，宪兵队这地方我知道进来就别想出去了，记住，你们不会从我这儿捞到任何东西的。”川上理屈词穷，勉强地说：“这是上边的命令，我可以向上反映你的要求，但无权改变。”

负责主要监视我的是宪兵中尉青柳，懂点中文，会说几句中国话，每天都会来囚室巡视。我要求读书看报他不答应，问我要看什么书，我说：《三国演义》。鬼子说，不行，可以给《红楼梦》一类文艺小说看。于是我开始在牢房内看《红楼梦》打发时间，几天也无人提审。连我自己都没想到，自己会在监狱读名著，这种经历的学习真算得上一奇了。

由于我的牢房离办公室较近，敌人严刑拷打政治犯时都能听到那些惨叫声。一次，敌人用假枪毙的办法来恐吓一名政治犯，正巧从我牢房边路过，能十分清晰地听到枪响。“法西斯，你们这帮畜生。”我用手砸破门上玻璃，抗议着。看守我的两个鬼子，虽面带愠色，却无可奈何。第二天，青柳就来囚室警告说：“刘桑，你的别管这些事。”

在宪兵队关押期间，除了川上和青柳外，其他日本特务一概不能与我接触，也不许到单独囚禁我的牢房来巡视。每日饭食由两个鬼子轮流取送，在牢房就餐，连大小便都有人跟随，我穿一身八路军的棉服，与其他人犯有所区别。所以每日外出大小便时，总是引起东边大屋内政治犯的关注，但谁也无法得知我是何人。我也不知这里被关押的任何一个政治犯的名字，均相互隔绝，听不到一丝外界的消息。

元旦之夜，宪兵队内部举行欢宴，青柳来通知我一同到办公室，参加庆祝活动。我事先一无所知，难以有何表示，只能跟着他走。当我在青柳引导下迈入会场，立即引起在场人员的注目，使我十分不安。从我身上的八路军军服来看，他们已知我是被俘人员。川上队长用日语讲道：“今天参加元旦迎新晚宴的，有一位外宾，他就是刘先生。”于是鬼子的目光一齐向我射来。

这时我才明白上当了，这是敌人有意让我公开露面，造成我已投降的假象。这是个已经设好的局就等着我跳。不能让敌人的阴谋得逞，可怎么办？有了，装病。我立即站起告诉青柳，说我头有些痛，不能久待，要求他把我送回囚室，弄得敌人措手不及，难以阻止，大厅内瞬间一片喧哗。我内心非常明白，这是敌人故意给我制造的令我十分被动而又不易澄清的极坏影响，我只能用实际行动解这个套。

经此一事，我对敌特的一举一动更加警惕，以免上当受骗，造成难以挽回的错误。我虽身为俘虏，不能自主，但凡事更需谨慎，防止敌人用我被俘做文章，只有这样才能保持自己的清白气节。

回到囚室后，我虽假装病痛离席，但心中极为郁闷，饭是一口也吃不下去。军人生来为战胜，而自己却成了战俘，在日本宪兵队一个人过年。根据地的同志们此时一定很快乐地扭秧歌，敲大鼓，我可能很难再见到这样的场面了。那真是别有一番滋味在心头。

新年过后的一月中旬，宫下又来到囚室，他面带笑容假惺惺地对我说：“新年好刘先生，我的上司十分敬佩你的为人，如此年轻又身负重任，大有希望，前程无量。如能同我们合作，将来必大有作为。我的上司让我同你商量一下，请刘先生谈谈你所领导的各方关系。若能坦诚相谈，皇军可以改变一下你目前的状况。给你自由的生活环境，你以为如何？”我一听，十分明白，鬼子终于使出最后一招了，要我交出地下组织，出卖同志。

我压下火，眼睛直瞪着宫下说：“你们对我优待的最终目的就是想要这个吧。我说过，我是共产党八路军，绝不会向你们交出我的地下组织。收起你们的那套‘怀柔政策’，你们这些把戏对那些经不起考验的软骨头或许有用，就像你们向我宣扬的那个向你们投诚的姓戴的女人，那是我们队伍中的败类。可我刘某人早已领教了，请向你的上司报告，我已下定决心，宁可牺牲自己，也不出卖同志，绝不叛变，死也不当汉奸。这就是我的态度。”

我喘了口气，加重语气继续说：“我再说一遍，你们从我身上捞不到一根稻草，我决不会出卖我的同志，也决不会让你们从我口中得到任何一个地下工作者的任何情况。我决不做可耻的叛徒，宁为玉碎不为瓦全……”

宫下又碰了钉子，难以施展其诱降阴谋，十分狼狈地说：“我们的目的是为刘先生的个人前途着想。你的态度，我们是清楚的，只是看到刘先生如此年轻有为，就这样轻易放弃了自己的美好前程，很是可惜！这几个月来，我们一直把你当成朋友，看在朋友面子上，说说我们的一些想法，供刘先生慢慢考虑，别无他意，我看暂先谈到这，来日方长，以后再多交流。请刘先生深思，深思……”说完，便匆匆离去。

经过这番谈话，我感到敌人已等不及了，他们迫不及待要我交出地下关系，目的是想对我东北及平津地下组织进行彻底破坏。我必须改变斗争策略，不能长期这么生硬地对峙。如我坚决拒供，敌人必改变目前的软手段，改为严刑逼供，决不会放过我，现在已处于决定命运的十字路口，必须速下决心，虽处逆境，切不可等闲视之。如能虚实结合，扰乱敌人，自己就是死也无遗憾了。

果然不出所料，一周之后，宫下又来了，开口就说：“刘先生考虑好了吗？现在可不可以谈谈啊！”我佯装不解其意，反问了一句：“谈什么？”宫下也开门见山，单刀直入地说：“谈谈你们的地下关系。”

简单拒绝，绝非上策，知己知彼，先试试敌人的口气，再灵活应对。我先生硬地回答：“休想，这办不到。”接着又把语气降了下来，对宫下说：“请你想想，我决不叛党，不可能向你们交出我的地下关系。即便我向你讲了，你又能相信吗？”

没想到，宫下对我的“转变”立刻产生了兴趣，马上缓和态度说：“我相信刘先生的为人，言而有信。如果刘先生愿意诚心向我们谈谈，我们一定会相信的。”

我马上明白了敌人的意图，让我开口，诱我上套，既然这样，将计就计，正好可以骗鬼子一把。于是我用稍微随和的态度说：“如果我讲了你们就信，给我以自由，那我倒可以考虑。但现在不行，因为要谈的内容，我得认真地好好想想，怎样才能谈清楚，使你满意，得允许我慢慢想好再谈。等几天吧，给我点时间怎么样？”

宫下当即表示：“完全可以。”我遂说：“我负重伤出院后，记忆力减弱，现在尚未完全恢复，让我慢慢想好之后再谈。”宫下马上回答，“很好，请刘先生好好休息，考虑成熟了，咱们再谈！”宫下带着几分得意告辞而去。

宫下走后，我艰难地思考着。智斗到了白热化阶段，不亚于跟鬼子在战场上拼刺刀。战场上迎着机枪冲锋也就是一瞬间的事，而隐蔽战线却是要求谨慎的勇敢，一着不慎满盘皆输。

我首先回忆在延安保卫干部训练班，陈云同志以20世纪30年代初自己在上海的经历为例讲道：在白色恐怖下从事地下工作，随时都有可能被捕，所以要有思想准备，我们要学会应付各种复杂情况，善于应付敌人的阴谋诡计，保存好自己才能有效地打击敌人。徐特立同志说：不论环境条件如何恶劣，都必须坚定信心，宁可牺牲自己，也决不能背叛组织，暴露党的秘密，更不能出卖同志，充当叛徒，做那最可耻的人。

抗日战争时期，陈云在延安。任远在狱中智斗日本特务时，活学活用了陈云、潘汉年等在保卫干部培训班上教授的知识

我又想起潘汉年和刘鼎同志话语：被捕后要学会在法庭上、在监狱里同敌人作殊死斗争，善于用狡猾的手段对付敌人，当敌人没有充分掌握确凿证据时，机智地采取假供、乱供，来应付敌人的审问。在不暴露组织秘密，不出卖同志的前提下，可以采用一切特殊方法，同敌人进行斗争，这是一种“以特制特”的特殊斗争手段。

经过慎重考虑，我决定在坚持原则保守机密的前提下，采取如下策略：（一）以假乱真，欺骗敌人；（二）借机除奸，借刀杀人；（三）掩护同志。总之，就是欺骗敌人保存组织。当我有了充分的思想准备后，心里坦然了许多，十分自信地准备同敌人进行最后的较量。一旦敌特信以为真，便可以改善处境，伺机逃脱；假若敌人不信，任敌人摆布，也无非一死，这有何难，现今身陷囹圄，随时都有牺牲的可能。死而无憾矣。我紧张地思索着，编造着“口供”，刚愈合的伤口也隐隐作痛起来。

仅过了三天，宫下带着翻译又来到我的牢房，装模作样地“问寒问暖”后，张口就直奔主题：“刘先生想好了吧！今天我们可以开诚布公地谈谈了！”

我欲擒故纵，佯做若有所思地回答：“想了两天，大体上我还是能记得的，都可以谈，能否令你们满意，我就无法知道，能否相信全凭你们对我的信任了。我谈之前，必须声明两点。第一，今天我所谈的只是现在仍能记得的那些主要的关系，而不是全部。你知道，我在东北及华北有许多关系，不可能完全记得。我现在只能记得的大概有三十多个重要关系，其他的关系由于记忆力不太好，难以谈得全面。这点，请你们理解。第二，我谈之后，你们能否全部找到这些关系，我不敢保证。因为我被俘的消息，他们早已知道，而且你们又在华北各大报上公开发表了。为了安全，他们肯定会立即转移，我的上级也会通知他们尽快撤退，防止意外，免遭破坏。这是很自然的，你们比我更清楚。如果你们找不到他们，别怪我不老实交代。”

我之所以这么声明，目的有二。其一，当时我无法知道敌人已掌握了多少情况，令我最担心的是，所有情报关系，我都给钟子云同志抄了一份交他保存。不知他是否脱险，还是牺牲了？那一份材料，他是否烧毁？因此，我有意让敌人向我暗示，他们可曾缴获这些重要的材料；一旦被敌缴获，我就十分被动。这么说，可以防止敌人再追查。其二，为了防止敌人一旦认真查找，会说我谈的不是真的，达不到欺骗敌人的目的。若敌人一旦发觉有诈，必将对我采取新的更为严厉的刑讯逼供。这我亦早有思想准备，作了最坏的打算。骗敌不成，必遭敌害，杀身成仁，在所难免。为了保全地下工作同志的安全，我牺牲自己，是光荣的、值得的。

当我作了上述声明后，宫下赶紧点头说：“我们相信刘先生的人格和真实态度，君无戏言，今天谈话后，我们会保障刘先生的安全与健康！必将改善对你的安排，并且考虑今后的前途，请刘先生尽管放心。”

当敌人这样表示之后，我开始按事先预设好的思路，一口气讲了两个多小时。他们认真地听讲，记得当时并无笔录，但未想他们进行了秘密录音。后来在“文化大革命”期间，审查组从沈阳关东军特务机关查找到我的完整档案，十分详尽，一边中文，一边日文，一大本子，并让我核定。审查人员当场向我宣读了一下，问我是否属实，我如实向组织说明，这不是笔录，也不是我的原话，但大意基本属实。由此可见，敌人是有备而来，以隐密的方式记录。说实话，日本的情报机关确是强劲的对手，认真、严谨，很多人都是中国通。

现在我还能清楚地记得我向敌人“交出”的所谓地下工作关系，有30多个，分以下几部分：

第一部分，我先把东北情报网中大连、长春、哈尔滨、沈阳、吉林、锦州等大中城市的地下关系，一共编造了15个，完全是虚构的，并无一个真的。藏不如放，最好的伪装就是不伪装。这一部分是我用看似最核心机密的信息探取敌人态度的第一步。为了让敌人相信，我对每个“关系”都交待得很具体、很完整。一般都是有其姓名、住址、代号、派出或建立关系的时间、联络方法、联络人的名字及其具体任务，以及已经起的作用和今后主要任务等。当我看到宫下的脸部略微抽搐时，我知道自已赢了开局。这些无异于重磅炸弹，或许在他看来，“满洲”是日军在中国的最坚强堡垒，没想到延安的触角已伸到了那里。虽然如此详尽，但毕竟是以假乱真，我党派往东北的地下关系，直到日本投降时，也安全无损。

第二部分，是关内秦皇岛、山海关、唐山、天津、北平等地下关系，我清楚这一部分是糊弄不了。谍不厌诈，我讲的“事实”，内容是假中藏真，虚中有实。我“交代”的这部分多是些敌人的铁杆汉奸或我方叛徒，目的是一旦敌人相信，就可假敌之手，为我除害。我内心一阵狂跳，能置人于死地，还是反被人置就看这下子了。我就算干不掉敌人也要保护同志，先从有把握的开始吧。

在鬼子眼里，用中国人打中国人再好不过了。可有的中国人对日军并不死心塌地。报仇的机会到了，我充分利用敌人对伪军不信任这一心理，首先“供出”伪军团长张爱仁。借刀杀人，我假说张爱仁表面上向敌投降，实则仍与我秘密联系，并向我表示，愿长期潜伏，等待时机，反戈一击，为国效力。

为了使宫下确信无疑，我有意制造了一些假情报，佯称我们还秘密在侯庄大乡长侯清波家中接头，他保证暗中发展爱国军官，准备反攻，挺进东北，收复失地，并派江东回冀东与我秘密联络（实际上江东叛变后被我抓获），而我声称江东是张爱仁的心腹，同我保持特殊的关系。

“照您的说法，张团长还和你有联系。”宫下盯着我的眼睛盘问道。“是的，不信可以叫张团长与我见面。”我平静地答道。张是我手下败将，败军之将不言勇，就冲着这一条，鬼子不怀疑他就不错了，我说的一部分确实存在，正好添上这把火。当1945年3月中旬，我逃出牢笼在军区见到李运昌同志时，即汇报此事。李司令员说：你假供后，日军把张扣押，后送东北劳改，你为我滦东地区开展工作除了一大害呵。这种丧尽良心，甘心效忠日寇之徒，假敌之手而除之是完全可以的。

“刘桑，你的继续。”“有件事不知该不该讲。”我面露几分“尴尬”。“不要有顾虑，刘桑。”宫下宽慰道。“秦皇岛日本宪兵队长武田跟我们有些生意上的来往，是我们的老主顾了。”

我这么说是因为日军除了使用军事进攻外，也善用经济封锁，因此绝不容忍同“匪”通商。而武田所封锁的辖区内时有类似事发生，正好扣在武田的头上。宫下怔了一下！

“真的？”宫下满腹怀疑地问。

敌人上钩了，我又正色地说：“我们经常用烟土交换药品，这事只有赵濯华、张化东和我三人知晓。因为赵濯华的警卫员，是我们一起从平北调到冀东的，他被俘后，武田队长让其贩卖鸦片，来掩护他的真实目的，因此我们就用这条线与武田队长保持秘密合作。”

我说完后，宫下脸都变了。这样的事出在“皇军”身上实在有损荣誉。后来，武田果然以私通八路军罪名判刑十年，被押送回国。此人对我敌区工作危害极大，对我在秦皇岛、北戴河、海阳镇、山海关的十多个地下关系，大肆破坏，杀害很多我地下情报人员，我借机佯称武田是我们内线，使敌确信，除一大害。

见我如此“坦诚”，宫下十分满意。我又“承认”唐山市新民学会会长张铁安是我的内线。我为了工作需要，有意让他对日服务，暗里同意长期埋伏，发展地下关系，并向我提供敌伪五次治安强化运动的重要情报资料，所以他可以随时进入我区，直接由我联系。为了发展上层关系，我特许他可以用我的名义向有关人员联络，保证立功受奖，并不以汉奸论处。

我之所以有意讲他，是由于此人为两面派，即是日本特务走狗，又同我们有关系，他到冀东同我见过面，应该算一个地下关系。但此人极不可靠，我从唐山市情报站长张家声同志口中得知，张铁安对抗日不是真心，而是为自己留条后路，故同我搭上关系后，仍对日寇效忠，是典型的脚踏两只船、墙头草类型。我被俘后他出卖了我，告诉宫下、川上，我就是“刘杰”。在川上公馆，他名义上是来探视，实际上是受日寇之命，奉旨劝降。

我借张曾探视过我这一有利机会，向敌方有意提供一些使敌人难以查明的张和我秘密联系的行踪。“好的，我们会和张先生谈谈的。”宫下自语道。从宫下表情看，敌人只对张产生怀疑。事不过三，锄奸已完成，敌变我变，接下来得保护同志了。

唐山伪市长袁规，原是北平日本特高课课长，是一个受到日特重用的汉奸，因破坏我共产党地下组织及国民党潜伏工作人员有功，格外受到重用，提升为唐山市伪市长。假中有真的时候到了，“袁市长是我们的统战关系，一般派其视察员张家声与我取得联系，我们曾在丰润县秘密会面。你们在冀东的兵力自 1942 年增兵不少，主要是从关东军抽调的对吧？”

“你这些都是过时的情报了。”宫下站了起来，面带得意之色。其实，我这样假供目的为了掩护我地下工作者张家声同志的工作，要让敌人相信张的确是在给我方提供假情报。张家声是我党的党员，长期从事地下工作，曾掩护冀东党委书记李楚离等领导同志在天津、塘沽一带进行地下活动，后被敌捕，出狱后仍与组织取得联系。他是李楚离同志交我使用的重要地下工作干部，并经组织同意，秘密委任为唐山情报站长，由我直接单线领导。他曾同我秘密见面。我被俘后，敌对张有怀疑，为使张家声免遭危险，我故意主动向敌供出。

当时宫下一听张家声的名字，十分惊讶，马上反问我："他不是共产党员、你们的地下工作干部吗？"我立即正面回答："他是共产党员，但被捕后叛变了，是一个叛徒。你们知道，降将可纳，叛将难容，我们党是不会放过叛徒的，正因他是共产党，袁规市长利用他同我联系，以便取得信任，而且让他直接与我见面。"我正可借此使张仍能留在袁规身边，便于继续发挥作用。

当我被假释后住在1420部队特务杨博民家时，张家声同志主动与我见面，我及时告诉他，敌人已知道他与我有过接触，我亦正面告敌确有此事，但他是受袁规委托见我的。说他被敌逮捕过，有问题，不能重用，其目的是让张有所准备，以便应付敌人查问。事实上，当我脱险后，张家声同志仍留在唐山，并未受到任何威胁。

就这样，我不动声色地整整谈了一个上午，完成了一幕难以想象的假戏真演。宫下认为我讲得很具体，很真实，至少听起来疑虑不多，而我的目的就是要敌人上当。我下定决心，宁可牺牲自己，也决不让我的这些从事地下工作的战友和同志牺牲。万一敌人不信，查出漏洞，我自当英勇就义。只要能保护好组织，牺牲我一个人算不了什么。因此，当我坦然讲完不卑不亢地对宫下说："今天就谈这些，其他情况，我脑子很乱，记不得了，请宫下先生谅解，如有什么不清楚的地方，以后再谈好了。"

此时，宫下很高兴，嘴角挂着几丝满意的微笑说："很好，就谈到这里，谢谢刘先生的合作，我衷心佩服刘先生，不愧是一位年轻有为的朋友，希望今后合作愉快。我会向上司认真报告。刘先生如有什么不满意的地方，尽可提出来，我们一定尽力办到，决不使刘先生失望。"

我告诉宫下："我已答应了你们的要求，那你们对我不应再以政治人犯对待，让我作为一个被俘军人继续养伤，别无他求。"

宫下说："好的，一定！请刘先生耐心休养，回去我们好生研究，商量出一个好的办法再告诉刘先生。不过，我乘今天有机会想问，刘先生是否愿意到日本东京参观访问，或者到平津一带走走看看？"

我一听明白了，敌人仍在按既定阴谋，诱我投敌，先让我公开露面，表示已经投靠日本，然后一步一步把我拉进他们设计好的圈套，无非是让我公开出来充当日寇的帮凶，当个名符其实的汉奸。"我现在身为战俘，重伤在身，尚未康复，且精神不佳，思虑不安，无心外出，只盼早日恢复健康，恢复自由，谢谢宫下先生的好意。"我以此婉言谢绝敌特的诱惑，决不上当。宫下一听，无计可施，只好起身告辞。当敌人走后，我思绪万千：下一步敌人又要耍什么花招，又会出什么诡计，自己该如何同敌继续周旋？

宫下同我谈话后，川上队长对我的管理逐步有所改变，两个穿便服的宪兵看守对我的态度也较前客气了些，每次都礼貌地称呼我为刘先生，目光中也少了几丝凶狠。负责看守的青柳也不断来囚房同我聊天，对我讲些所谓的内部新闻，不料竟从青柳口中听到了杨家铺包围战的真正原因。原来是因为他们事先得到了准确可靠的情报。

我故意反问，是你们的情报线报的？只听他洋洋得意地说："10月15日夜，我们在铁路边抓到了你们丁振军书记的一个侦察班班长，从他身上搜到他送给路北丰润境内何家营一带参加三级干部会议的重要情报，于是16日我们便秘密集结日军战斗力较强而且装备先进的独八旅团，没有使用伪军，决定16日晚间行动，从唐山、丰润、昌黎等地分头向北挺进，准备一举歼灭李运昌的首脑机关。未料行至左家坞一带已发现有大批八路军，于是提前接火，打了一场遭遇战。只用了一天时间就取得了全面胜利等。"没想到谜底就这样在对手那里被解开。

青柳还向我透露1420部队（实乃关东军特务机关华北特别先遣队的代号）长官对我很"器重"，希望我抓住机会好好干一番大事业，前途一定光明。而且说我如此年轻有能力，尚未结婚，完全可以到日本或平津选一个年轻貌美的日本姑娘做妻子，那有多好。

我说："你们这些话，对我无用。"

他奸笑着又改口说：“不喜欢日本姑娘，那可以找一个中国美女陪伴。平津、唐山一带，国色天香随处可见，需要时，我们可助君一臂之力。”

我简单干脆地说：“现在没这心情，我们八路军干部，不会考虑这些小事的！”总之，敌人不断试探，以美女、地位、名利勾引，想让我为他们“效劳”，出卖良心。“你们要明白，我是被你们打伤、满身流血在昏迷不省人事状态下，又被老百姓用担架抬到左家坞据点的。不管你们说什么，我都无法忘记！”

在青柳看来，这样的辩论，虽无助改变我的抗日意志，却正符合他们预计的我正处于某种矛盾动摇心态。他以长者口吻劝说道：“刘先生还年轻，太幼稚，以后会慢慢明白的。”

没过几天，青柳到我牢房送来两大本敌人整理的冀东地区党政军的资料，从军区到各县、区都有。我翻了几页，明白这是敌人收集的情报资料，让我阅读，指出有无错误。粗略看内容极不准确，如：敌人称周文彬是冀东党委书记，李运昌是组织部长，李楚离是宣传部长等。我对青柳说：“你是知道的，我们情报部门直接与延安总部联系，不与地方发生关系，这是我们内部的规定，所以提不出什么意见。”然后就退回去了。敌人的如意算盘又一次落空了。

敌人走后，我静候敌特动向。大约在1945年1月底，宫下同我在牢中进行了最后一次谈话，正式告诉我，他的上司已同意改变我的处境，现正寻找合适地方，请稍等几天。我知敌人将改变对我的监管方式，软禁可能性极大，估计只能获得极小的活动范围。

一场“以特制特”的零和博弈结束了，在这场事关生死的对弈中，我以假乱真，虚虚实实，模糊扰乱了敌人的视线，保存了自己，除掉了敌人，为将来的斗争争取了有利的条件。

十一、脱 险 前 后

失而复得，重获新生的感觉是心底永远抹不去的划痕。对执着坚守信仰的人来说，每一次苦难之后必将迎来辉煌。在1945年的2月，早已“死”过无数次的我，终于等来了生命的拂晓黎明。

2月初，大概在农历春节前半个月，青柳来通知我搬家。我表面上服从他的安排，穿上“协和服”，心里一直警惕他们将怎么改变对我的监管方式。我在两个宪兵便衣的监视下，被带到了唐山市双兴里杨博民家。听说杨是冀东大暴动时同李运昌、佟麟阁一起作战的领导人之一，暴动失败后被日本收买，卖国求荣当了汉奸，现为1420部队高级特务，代号为“嘱托”。

我看上去是被释放了，可实际上一举一动都受到特务的严密监视。相对以前，我行动自由一些，可以接见日方指定的若干“朋友”，却不得不表面上听对方的诱降言论。经过了解，当时居住地是唐山市富商苗圃如的住宅，有十几个小院。这些小院都住着巨商富贾，是唐山有名的一条街道。我党原冀东军分区供给部部长谷立之，投敌后娶了一个小老婆，他是冀东本地人，就住在这里后面的一个独院。我虽然不认识他，但在被俘前就知道此人叛国投敌。敌人很狡猾，变着法的软硬渗透，把我安排在这样一个乌烟瘴气的地方，与这些汉奸为邻，实际上就是期待我能“回心转意，归顺皇军。”

杨博民叛变后并未过上多么飞黄腾达的日子。当我搬入其家中时，他已经50多岁了，妻子早已去世，同一个十多岁女儿一块儿生活。他每月可以按时领取几袋白面。我脱离了特殊的监牢生活，俨然成为杨家的一名特殊客人。起初我并不习惯，由阶下囚变成“座上宾”并不好受，敌人为了“照顾”我，还专门每月给我送来一袋白面作为伙食，而且指派杨博民负责我的一切生活起居。

杨博民对我十分客气，不时对我说：“受苦了，好好在我家休息休息，散散心，要从长计议，面对现实，不必着急。”虽然是对我现状的安慰，其实话中明显透露出为日本人作说客的意图，我一直都未表态。他还主动地说他同李司令员很熟悉，并表示：“当年一起参加暴动，现虽为日本人做点事，只为勉强糊口。有时还同北面（指冀东根据地）有往来，有什么事，咱们还可以商量，天无绝人之路。你要想开些，凡事想通看透，自有办法。”

我当然明白他的目的，每次都虚以敷衍，顾左右而言他，从不谈及任何自己对未来的想法。杨家中装有电话，每次“聊天”结束，他都背着我向他的主子反映我的一举一动。我也借故身体不适，不是卧床休息，就是翻翻旧书，看看报纸新闻，敌我双方心知肚明，无声的暗战继续着。

我到杨博民家之后，张铁安、张家声、王新民均已获悉，便分别来访。首先来看我的是张家声同志，他同杨博民早已熟悉，互有往来，而且有公开身份做掩护，故可方便到杨家行走。看见他进门时，我按压住狂跳的心，客气地与他寒暄。这是我在被俘之后第一次见到自己同志，当我俩目光相碰时，我激动的心情更是难以抑制，那是生命之光，从绝望中第一次看到了希望。在我眼里，他就是党，真想扑过去叫一声同志。但理智战胜了感情，这是虎口，张家声同志来虎穴看我一定是带着组织的任务，绝不能出任何差错，让他再有什么闪失。我们耐着性子，攀谈起来，而脑中却紧张准备着将要传递的内容。

约摸半小时后，杨博民起身回屋拿糕点。千载难逢，我甚至来不及握住同志的手，仅朝他点了点头，就低声向他嘱咐：“我没有叛党，采用假供是应付敌人，请组织放心。如果假供被识破，我必死无疑，此地不可久留，希望在一周之内组织设法营救，时间越快越好。谋成于密，败于泄。”我说完后，他表示会立即与上级取得联系，并代“家里人”向我问好。说完不到片刻，杨博民就端着茶点迈进屋来，大家又回到了天南地北的胡侃闲谈之中。

过了两天，张铁安来杨博民的家中看我，还带有点心等礼品，说快要过春节了，表示问候云云，我像常日一样应付。再后来，王新民来看我时悄悄告知，他与“北面”有联系，有什么事，他可以转达。我虽清楚王的底细，但又不敢直言，只好表示，我目前一切均好，有空再议。

不多久，房东苗圃如先生主动来杨家小叙，我亦去苗宅小坐，不过是为了麻痹对方罢了。虽然与杨博民形同路人，但我与杨之小女相处甚好，常教她唱抗战歌曲，她很快就学会了“太行山之歌”“东北流亡曲”“黄河大合唱”等，杨博民看在眼里，却也奈何不得。悠悠60载，不知道当年的小姑娘现在是什么样了？

2月13是农历新年的除夕之夜，在这个辞旧迎新、举家团聚的时刻，我却在特务家里迎接新年的到来，心中很不是滋味。一方面想尽快逃出魔窟，继续战斗；另一方面不得不静下心来，准备着随时到来的斗争。吃饺子过大年，毕竟是中国人，习俗难免，就是关系闹得再僵，也得吃顿饺子。我与杨博民和他小女儿三人坐在一块儿，擀面调馅，准备大年初一吃水饺。

路的距离越远，心的距离越近。不知不觉中，我的心已飘回到了陕北高原，又飞到了根据地。漂泊在外，哪个游子不想常回家看看？自古忠孝难两全，“家”字前面放着国，战争年代，又有多少革命人能常回家看看？半夜里，我失眠了，辗转反侧直到深夜，直到外面街上不断地响起鞭炮爆竹声，才感到春来人间、新年来临。

在这中国传统和喜庆的节日里，作为一名特殊的囚犯，我无法欢喜，只能勉强苦中作乐地度过这么个特殊的日子。只身一人不出门，闷坐屋内，同杨及其女儿没话找话的闲侃取乐，聊以卒岁。在这之前的上午，先有苗先生登门拜年，客气一番，未多说话。

初一下午，张家声同志来给我拜年，礼节性寒暄一番后，他以暗语说道：“家中老小对你的健康十分关心，我已将你的一切如实告知了，他们都很高兴，大嫂请你明日中午到我家吃个便饭，正好我二弟从北平回来过年，也想看看你，你有没有别的安排？方便吗？”我一听，知道必有内情相告，不便在此深谈。我们都知道杨博民在专门监听我同来访者所有的言谈，所以我故意问杨：“明天有事没有？”杨答：“现在没有接到通知，我估计不会有什么事，因为日本人不过春节，这是咱们中国人的传统喜庆之日，你可以先答应下来。”张旋即告退，并说：“你未去过我家，又不熟悉唐山市内交通，明日上午十点我来接你好了。”

这天晚间，杨博民多做了几道好菜，并准备了一瓶好酒。我和杨博民及其女儿三人在一起共进晚餐，我们边吃边漫语闲聊。我有意询问了一下杨的家事及其处境，一直漫谈慢吃至深夜 12 点左右，方才躺下，却仍难以入眠，心中焦急期待着第二天和张家声同志的见面。

2 月 15 日，正月初二，这一天是我在唐山市春节期间最难忘的一天。我早起后，洗漱完毕，刚吃罢早饭，就听见敲门声。他来了，在相互拜年之后，家声便将我从杨博民家接去了他家。张家是一个独门独院的平房，我们到来时，大嫂正在忙碌着准备午餐。不多会儿，我见到了张家声的胞弟张家骏，他正在北平的大学学习，因放假过年，知我要来，特来相见。

进入张家，我俩仍保持着相当的警惕，直到未发现有跟踪、监视后，才开始交谈。首先，我把被俘的经过向他说明，希望他向李运昌同志如实反映。接着，我详细讲述了从被俘到如今被秘密监视的过程，并估计这种情况不会持续太久，敌人还会来找我麻烦，一旦查出我是假供，必死无疑。请组织考虑。

我大概讲了一小时，张家声同志一直细心听着。在陈述即将结束时，我说：“今天来此，一来向你们拜年贺喜，二来向你说清我的处境。目的是要抓紧时间，希望组织设法营救我出城。至于吃饭，越简单越好，我现在无心恋吃，我想你们可以理解我的心情。”我将相关情况一一加以说明，毫无保留，讲完之后，心中轻松了很多，也急盼张家声同志尽快将我的情况向上级反映，并尽快逃出敌人的魔爪。

张家声是丰润县人，家里较为殷实。他入党较早，有丰富的白区工作经验。后来直接在我的领导下工作，在唐山有广泛的关系，朋友较多，又有很好的社会地位。听完我的讲述后，他认真地回答：“你的情况，家中十分关心。已派人调查几次，情况已经基本清楚。家中已给我们任务，要设法掩护，尽快把你救出来，免遭敌人杀害。敌人对你的信任是暂时的，他们不会长久地受骗。按常规，春节放假五天，估计假期不会对你下手，主要是观察你的行动。”

之后，他又压低声音对我说，准备初六（即十九日）晚上派两个秘密武装交通员接我出去，并要求我之后做好准备，少外出少讲话，少打电话，谨慎再谨慎，免生意外。平常不要作任何表示，以免前功尽弃。

我无限欣悦，“沉着冷静，万无一失”。当我俩谈到此时，大嫂与家骏已经摆好饭菜，招呼我俩上桌。

来到饭桌旁发现，桌上满满地摆好了十几个大盘小碗。冀东人过年十分讲究，饭菜特别丰盛，而大嫂谦虚地说：“今天没有准备什么，只是给你压压惊，大家聚一聚，说说心里话。一旦解放回了老家，咱们再真正地大摆宴席好好庆祝一番。你这么年轻，等打败鬼子，大嫂一定替你选一个漂亮的、让你满意的冀东好姑娘，做你的新娘，好不好？”

我笑了：“谢谢大嫂的美意吉言。我现在生死未卜，实在没有心思去想那些事情。现在一心只想着早点得到自由，感谢大嫂大哥让我过了一个有意义的春节！”

我随即举杯对家骏说道：“家骏，很高兴见到你，你是高材生，我当年没机会进大学门，只在延安上了几天抗日军政大学，算是革命大学了。咱俩喝一杯。”这是我几个月来吃的最高兴的一顿饭。

饭后我又同张家骏聊天，我恳切地说：“你回北京后，要积极向同学们宣传抗日形势，争取他们同情抗日，支援抗战。你可以同北平地下党或其他地下组织取得联系，争取为抗战的最后胜利贡献你们的一份力量。你比我们强，又快大学毕业了，要向你哥哥家声学习。”

没想到，当年我们短暂的交流，竟给家骏心中播下了革命的种子。在我被营救成功后，张家骏返回北平，继续努力学习，也开始积极投身革命事业当中。他迅速与北方分局城工部刘仁同志领导的地下党取得了联络，积极开展抗日救亡工作。“八一五”日本投降后，他又到张家口联大学习。解放战争爆发后，他被组织派到北平从事地下工作，取得了重要成绩。全国解放后，他改名为林华，已经成长为一名干部，解放后在冶金系统工作，虽然经历“文化大革命”等历次活动的冲击，但表现一直坚定、出色，“文化大革命”后出任冶金部的常务副部长。在工作之余，他还常来看我，成为十分亲密的战友和同志。

此外，张家声同志在日本投降前调回边区学习，在新中国成立后，分配到张家口工作。当时恰巧我在张家口市公安局工作，主动推荐其参加了党的秘密侦察工作。他以贸易公司经理、张家口市商会人员为公开身份，积极干好该工作。过了几年，到1952年发动“三反”运动时，他却被误打成贪污犯“大老虎”。或许他当时心中有些想法，竟自杀了。后来张的老伴及其一女二子和张家声的老父，来到北京，由其弟张家骏照顾。那时，我们常有交往。张家声的大儿子张兴，在石家庄铁路运输学校学习，我在经济上为他提供了有限的帮助。张兴毕业后，先后任北京市建工局局长、经济技术开发区常务副主任，市建工集团党委书记、董事长，并被选为市人大代表。张兴退休后与老母生活在一起，在张兴母亲九十大寿时，我特去祝寿。虽然这些都是张家人此后命运，但忆及我当年的逃脱敌人控制的情景，对张家声等同志的感情油然而生，各种情谊让我不得不在此顺提一笔。

视线闪回我被俘的岁月，在晚餐过后的第二天，即2月16日（农历大年初三），王新民请我到他家一坐。他住在一套里外连在一起的平房里，摆设比较简单。我与他并不熟悉，被俘前只从特委同志介绍中略知其情况。王新民原名叫鲁宁，是县委书记，被捕后经不起敌人的严刑拷打，向敌人投降了，充当了日本特务，后经争取，同组织上取得联系，回到了革命的队伍当中。不久，他又被敌人发现，再次被捕入狱，惨遭敌人的重刑审讯，经不起考验又投入敌人的怀抱，出任开滦煤矿高级职员，为日本充当马前卒。可不久后他又同特委取得秘密联络，其对组织的两面表现引起了各方面的关注。

被俘前，我曾向特委提出把他交我使用，李运昌同周文彬同志告诉我，此人两次叛变，敌人已不重用，对情报工作意义不大，只是将其视为统战对象，所以仍由组织上掌握，作为特殊关系，给其一定的特殊的单独任务，长期考察，防范其可能的破坏作用。因此，我对他一直没有深层次的联系，只是一般的接触。不过他对我似乎很关心，曾主动向我暗示，他与北边（指根据地）有联系，有什么事，他可以帮助我。鉴于此人的特殊历史，我始终保持着警惕的态度，既不主动，也不拒绝。况且我已通过张家声与组织取得了联系，故并未向其表示有何打算。初三去他家，只是礼节性的拜年而已。

在交谈中，王新民主动告诉我："这几天北边有人过来，你有什么事，我可以转达。"我觉得不好将相互间的关系搞僵，也为了布下一枚闲棋冷子，故未公开拒绝，便随口说："暂时想不起来有什么事，以后有事一定找你。"

王新民听后，并无异常反应，只对我说："如有事，定会出力，这是我的心愿。"我也没再与其纠缠，迅速回到了杨博民家中。

王新民当县委书记时表现较为出色，工作能力突出。他不怕困难，敢于开辟新区，不过有比较好出风头的毛病。但总体上，王新民在革命工作时期的表现，大家是认可的，未想到他竟然投敌卖国。经过几次短暂的接触，我似感他仍有回心转意之念，从言行中，他早已经感到日本必败，正加紧为自己的后路做准备。

告辞之际，王新民客气又充满诚意地说初五请我早点到他家，一起吃点年糕，再一块儿过个小年。

回到杨博民家，我就同杨博民及其女儿闲聊。我假装忽然记起，随口问杨博民："你给 1420 部队工作，感觉如何？前途怎样？"他说："我在这里只是混碗饭吃，能有什么出息，哪有什么前途。现在我的唯一任务就是赶快把女儿培养长大成人，了此心愿。她妈病故后，本想再找一个，但一则孩子不想要个后娘；二则我这把年纪既无地位，又没有钱，又有谁愿意嫁给我这个半老不死的穷老汉。因此，日子一长，不再想这事了。"

我听后，缓缓抬起双眼，杨也向我看来，互相对视沉默一阵，还是他打破沉闷，首先开口，若有所思地说："我现在给日本人做事，又没有什么成绩，唐山市内八路军地下组织我也找不到，我已脱离组织多年，组织上早已不信任我，而且许多年轻人根本不认识我，大家早把我当成是铁杆汉奸了。你在我家待了这么久，能看出来，我打电话不过是勉强应付一下日本人。日本人每月给我两袋面粉，够我们爷俩吃用就凑合好了。因你要来我这里住，所以日本人又给增加了一袋面粉，稍微宽裕一些。”忽然他口气一转，快速地问我道：“他们对你怎么样，你有何打算？”

我说：“我也不清楚，无非想诱惑我交出地下关系，让我做个日本特务吧！”说到这，我有些失态了，禁不住激动起来，大声喊道：“这是他们的一厢情愿！我不会做出那种没有良心的勾当！我生是八路军的人，死也是八路军的鬼。无奈受伤当了俘虏，只得等日本人的处置了。别看他们表面对我优待，不过是他们的思想软化战罢了。现在让我住在你家，决不是要释放我，更不会给我自由，只是日本人觉得我尚有利用价值，我死了无数次了，只是有心杀贼无力回天。”

2 月 17 日，正月初四，吃过早点后，杨博民对我说：“这几天，不少人请你前去做客。昨晚，房东苗先生来找我，问你今晚有无安排，他想在家中设宴，专请刘先生，共庆春节，不请别人，只邀请咱这胡同几家作陪，不知你能否答应。我先向你通个风，如同意，中午再专门面请，不知可否？”我回答说：“今晚尚无安排，可以听便。不过王新民说明日初五小年，要我早点去吃年糕。”过了一会儿，杨向苗先生回话，表示听其安排。

苗家是唐山市有名的大户，苗圃如时任唐山商会会长，对抗日态度甚好，暗中助我，又善于应付敌伪，人缘颇佳。这天中午时分，苗圃如先生整装入屋，向我拱手拜年道：“诚祝刘先生春节吉祥如意，敝人恭请刘先生到寒舍小坐，略备便饭，恳请先生光临。”我即作揖回敬，表示“盛情难却，屈尊阁下厚爱，深表谢意”。

晚间 6 时许，杨博民前面领路，我稳步随其进入苗宅大院，直入正中大客厅，只见满屋灯火辉煌，富丽堂皇，席间已坐满各色人等。男士长袍马褂，女士身穿旗袍，穿戴都很华丽，一派节日气氛。苗先生看到我来了，疾步上前，双手迎我入席，连声道谢：“感谢刘先生光临寒舍，不胜荣幸，欢迎欢迎！”其他宾客也一一起立，连连作揖欢迎。我被拱让到席中上座，右边是苗先生，左边是谷立之夫妇。遂之，苗先生对来宾一一介绍，我因初次见面，无法一一记下，大概有十多位，此后开始正式入席。

宴席非常丰盛，让我这从艰苦的解放区过来的同志感到很吃惊。桌上摆满24碗菜肴，美酒数瓶。虽然冀东有钱人请客有大摆宴席的规矩，但这样铺张、隆重，的确少见。开餐前，苗圃如满面笑容地对在座各位讲道："诸位乡亲同仁，今日正是咱们中国人传统的春节，正好我特为尊贵的刘先生略备薄宴，不胜荣幸之至。刘先生身为冀东八路军高级干部，今因战场负伤被俘，与大家相聚。为我们今日相识，为我们今后携手合作，大家举杯，更为刘先生健康幸福干杯！"

听到苗先生的祝酒词，我并未立即站起来，仍坐在席间，思索片刻后，提高声音面对宾客说："首先感谢东家苗先生的盛情款待，实不敢当。同时感谢在座诸位光临，十分高兴。我本一热血青年，在国难当头时，投笔从戎，理所当然。古云，国家兴亡，匹夫有责！今日我们共同欢庆春节，共同饮此美酒，小弟敬祝诸位，大吉大利，财源茂盛，全家平安，阖家幸福！"席间，大家频频敬酒，有说有笑，表面上亲密无间、无拘无束，一派喜气。

这次宴席，是我生死攸关的宴席。事后证明，虽非敌之特意安排，但敌人有意要苗借此试探我的动向与态度。而我当时将此次宴会定位为较民间性的聚会，提醒自己尽量巧言应付，不让他们抓住话柄，危及安全。

在我一生中最后在敌区生活的一幕闹剧中，发生了若干难以忘怀的情节，有个宴会者问道："刘先生，现在1420部队已经把你放了出来，给了你自由，那你今后有什么打算？可否同我们说说？"我已知他问话的"醉翁之意"，缓缓地说："大家对我很关心，我很感谢。我的态度，日本人也十分清楚，我决不做任何对不起良心的事情。至今我仍在被监视之中，并无自由，我伤势尚未痊愈，暂时在杨先生家养病，并无任何打算。我犹如'身在曹营，心在汉''笼中鸟，有翅难飞'啊！听天由命，顺其自然……"此话刚落，在座的某位随声说："我们中国人太苦了！亡国奴的生活过够了，盼着早日改变这种暗无天日的非人生活啊！"让当时的气氛颇为尴尬，我也不便附和，只好假装不明就里的低头吃菜……

宴会归来，已到晚上9点多钟，我正准备休息就寝，就听一阵电话铃响，杨博民接到日军方面的电话通知，说1420本部情报科长山本大佐今晚要见我，马上就去。我一听，不知是福是祸。我从未见过山本，只听青柳等人提及我的案子时说，是直接由山本大佐代表总部负责审理的。这么晚了，山本找我，令我捉摸不透。无事不登三宝殿，糟了，我想起张家声同志的提醒，莫非真出事了？是否敌人已查出我的供词有诈，怕我逃走？或是有人告密，知我言谈有失，要对我审问？总之，如此急促，从未有过，而且让我自己单独前往，不派人护送，十有八九躲不过了。言多必失，事已至此，我只好硬着头皮重新更衣后听命而去。

出门后，我一直向原唐山交通大学校址、1420本部所在地方向漫步徐行。夜深人静。由于正值春节，周围除了爆竹的点缀，颇为安静。这是我首次在夜间“漫步”唐山，作为被俘假释者孑然一人伴着孤影而行，周围几无行人，在就要看见胜利黎明的一刻，我的心被笼罩在唐山这沉厚的黑暗之中，根本无暇赏景，步伐伴着忧愁更加沉重。我不由自主地向后边及两边望去，看有无密探盯梢，似乎并未发现，敌人真如此大意？不可能，暗哨就在周围，不让我看到，是看我是否“真心合作”。

独行不到半小时，已到达1420部队本部的大门前。门口处早有一日军等待，我走近时，他主动上前向我行礼并用生硬的汉语问道：“你是刘先生吗？”我点头答应。“请随我来，大佐已在楼上等候。”我来到二楼山本办公室，见到他和翻译。山本上前自称：“欢迎刘先生，我是山本，早想去看望刘先生，无奈时间未能安排好。现正值春节之时，特邀刘先生共度良宵。祝刘先生在此愉快地度过你们中国传统的春节。”然后就十分认真地说：“刘先生真是一位优秀的共产党，令人敬佩！春节过后有何打算？”

我一听，话中有话，于是顺即回答：“我被俘后，一再向你们声明，我是一名抗日干部，决不会背叛我的理想和信仰。现在伤口刚刚愈合，无心外出，只希望早日完全恢复健康。”

山本说：“刘先生如此年轻，身负重任，如能投靠皇军，一定前途光明。希望有机会和我们合作，共建大东亚共荣圈。”

“本人难担此任，请大佐见谅。”大佐一听，知我似无改变态度之意，便转移话题："现已到春天了，过几天，请刘先生到北平、天津玩玩，散散心，如何？"

我立即拒绝："心情不好，以后再说好了。"如此谈了半个多小时，敌人见我十分沉静，便以"今夜已晚，改日再谈"为由，送我出门。我即退出1420部队本部，返回杨家。

归途中，我脑海中不断泛起种种猜测，今夜谈话是何意？从山本的问话中，我感到敌人似乎察觉到我有逃走之意，知人知面不知心，人心隔肚皮，这样看来今晚在苗家说的"身在曹营心在汉，好比笼中鸟，有翅难飞"等内容，定有人向山本告密，否则不会今夜急着见我。可能是敌人已感觉我的变化，故先稳住我心，故意夸我，实乃警告。夜晚10点多钟我才回到杨家。他们父女已经入睡，我亦洗脸上床。杨问我有何急事，"明日细说"我支吾搪塞其词，于是熄灯就寝。

在床上，我辗转反侧，实难安眠，心中忐忑不安。面对此情，如何是好？明日初五，后日初六，正好约定有人来接我，而且是张家声同志亲自安排。但我仔细推断，今晚谈话，似有所指。我必须及早行动，免遭不测。苦思冥想，觉得还是明天一早先找张家声同志商议为宜。如能在初六前及早离开唐山，乃为上策。如等到初六晚上，万一敌人开会研究后，决定采取新的举措，那我就被动了。万一敌人查知，伪供有诈，对我采取秘密逮捕，那更加没有逃脱的希望了。不如早作打算，力争主动，以防意外。事已至此，何不冒险逃脱？唐山附近有我武工队，亦有其他地下秘密武装组织，而且张家声是丰润人，地形熟悉，便于行动。一夜未眠，心事已定，决定天亮先出门找张家声，佯称去王新民家过小年，晚上回来，不让杨博民疑心，向敌报告。拿定主意，困意已去大半，望着窗外的雪花，静等鸡鸣而起。

2月18日（正月初五）晨曦，唐山市内开始熙熙攘攘，已经有不少小贩吆喝着买卖，唐山市民还享受着新年的余味，街头巷尾穿梭着各家走动亲戚的身影。经过昨晚的辗转思索，我决定见机行事，时不我待，一有机会就立即行动。

起床后，我一刻都不敢耽搁，吃过早饭后就告诉杨博民："我已约好今日到王新民家过小年，吃炸年糕，我认得路，自己去就行，晚上就回。”未料到，如此清晨一别，竟成永诀。时光一闪，成为各自生命历程中的永久纪念，我离开杨家后，就再不知杨博民的下落，半个来月的被监视软禁的日子也就一去不复返了。

离开杨家，我匆匆赶到张家声同志家，此时刚刚6点，张家尚未起床开门。我连敲几下门，大嫂披衣过来开门，一见是我，神色有点紧张，低声说道：“这么早，你就来了，到屋里再说。”

进门后，我将昨晚发生的事情一一向她道来，判断昨夜在苗先生家宴上的讲话已被敌特知晓，敌人似乎对我们的行动有所察觉。接着表明突然造访的来意“不能再等到明天了，必须今天就走”。

大嫂听完，十分着急地说道：“糟糕！家声昨晚出门打牌，现在都还没回来，他出门时也没交代什么时候回来。这该怎么办呢？你不能等他了，只能再另想办法。”她边说边从被子里取出1000多元法币塞到我手中。“你先拿这些钱当路费，赶快找别的同志帮忙。”我非常感动，可光有钱还不行，时间就是生命，唯有另辟蹊径了。

离开了家声同志的家，我脑中急速盘算着可能的逃离办法，思来想去，只得试着找王新民帮忙，就疾步奔去。其实我当时心中非常迷茫，不知如何向其讲述逃脱计划，而且他的表现仍在组织的考察期，与我无直接关系，更不知我已与组织上约好了的逃走计划。在我和他不多的接触中，他只是说过组织上来人，打听我的关押情况，以及设计从敌方了解我被俘的表现等情况。对于他能否助我逃脱，我心中着实没有底，但在那种危急情况下，我只能冒险一试了。

当我来到他家时，他显得有点慌乱，忙问：“出了什么事，怎么这么早来找我？”我们连忙走进屋内，他怕我还有顾虑，不肯吐露真情，便急切地说：“你放心，北边早有消息，给我任务，要设法营救你，有什么困难，你可以坦率直说，我们共同商讨应对办法。我已经被捕过两次了，对日本人这一套，我已经受够了，真不是人干的！”

他讲话时，愤怒写在脸上。这席话一下子缩短了我和他的感情距离。于是我掏心窝子地向他简述昨晚苗家宴席时我的言谈，以及1420部队山本大佐昨晚深夜单独接见之事。“目前处境危急，必须设法早点脱离，一分钟都不能耽搁，你看怎么办？”

王新民听我讲时，一直未插话。他沉思片刻后说：“既然如此，当机立断，不能犹豫不决。稍有不慎，就会大祸临头，我已两次入狱，备尝苦刑。你我是拴在一条线上的蚂蚱，谁也离不开谁。现在管不了那么多了，走为上计。我带你出城，直奔老家，别无他路可走了。”

我一听，意识到这个行动将给王新民的家庭带来的巨大危险，“不行，鬼子不是人，我们走了，大嫂和你两个女儿怎么办？”

王新民：“现在管不了她们了，况且她们都是妇道人家，鬼子能把她们怎样？”

正说时，大嫂快步从屋里走出来，痛快爽朗地用冀东方言说：“刚才刘先生说的我都听清了，现在赶快下决心，马上就走，以防夜长梦多。你们先走，不要顾及我们。你们走后，我们母女三人雇上一辆大车，都先回老家，躲开鬼子。你们到根据地就好办了，都是中国人，一家人不说两家话。”

大嫂与王新民都是冀东人，比我大好几岁，她曾是根据地的妇女干部，是一位老同志，不幸身陷敌营，难以脱身，但仍设法为党做些力所能及的特殊工作。巾帼不让须眉，在这样危急的时刻，大嫂能如此深明大义、舍生忘死！让我这大老爷们儿脸都不知往哪儿搁。“大兄弟，别犹豫了，这是最好的办法了，快走吧。”确是没辙了，我和王新民也觉得目前只能作这样的安排。

我们仨共同商量逃离的路线等细节，王新民对我说：“咱俩扮成开滦职员，佯称到丰润县去提货。你马上化装一下，我们都换上长袍大褂，头戴礼帽，最好面戴口罩护脸，防止被人识破。”

大嫂回屋取出了一只金戒指交给王新民，细声说：“带上做个念想，这是我俩结婚时的信物。”

我一听，心头涌上一股生离死别的辛酸，眼眶里盈满了“不争气”的泪水，我忍着伤感安慰道：“大嫂，你放心带好两个女儿，我们会时刻惦记你们母女的。多保重，根据地见。”说完，我背过脸去，不忍再看他们母女。

快到8点时，我们两人整装出门。“爸爸、叔叔再见，早点回来。”小女孩用稚嫩的童音为我和王新民送行。孩子是无辜的，我俩都不敢再扭头。王新民用手捂住嘴，低沉地说了声“走”，头也不回地迈出家门，谁能想到，分别竟成为永别。多好的人民啊，妻子送郎上战场，母亲送儿打东洋，是无数平凡无名的英雄撑起了共和国的脊梁。

当时非常幸运，出门不远正好遇上两位三轮车夫，我们两人相视片刻，决定乘车向城北出发。坐车走了七八华里，到了通向丰润的公路上，就让两位车夫止步，下车步行，就这样我俩走出了唐山市。

偶然不是巧合。直到几十年后我才知道这其实是组织上为营救我作的周密安排。“文化大革命”后，原冀东情报站的译电员苏哲同志告诉我，这两个车夫都是地下工作同志假扮的，是党、人民给了我重生的机会。

东边日出西边雨，一出唐山，天气就孩子般地变得格外晴朗。阳光，久违的阳光，这难得的冬日暖阳为我补充心情的营养。冀东人有初五前不出门办事的习俗，一路上行人很少，不见车马。我们两人加快脚步，尽量避免遇见熟人。在商量脱险路线时，由于我对丰润县附近的刘家营较为熟悉，且军区机关也常在那一带活动，我们便商定先奔刘家营。

一路疾走了30多里，快到中午时，忽然看到前面公路上有一小队打着膏药旗的人马，正步行向我们方向行进。“鬼子是不是发现我脱逃，追上来了？”生命的得失在此一举。多年后，每当忆起此景时，“才下眉头又上心头”是形容刻画我当时心境最“给力”的成语。

“不要动。”王新民回头对我说：“这是日本巡逻部队，你别管，我来应付。”说话间，我们走到日本鬼子跟前。一名士兵用夹杂着日语的中国话蛮横地问道：“你们是干什么的？要到哪里去？”

王新民从容地从上衣兜里取出了一张名片，很客气地说：“我们是开滦煤矿矿务局的人，要去丰润县取货。因为今天是初五，找不到车，公司急等用货，所以派我俩今天赶到丰润催货。”

鬼子接过名片，听王新民解释后又仔细端详了我俩的打扮，认定是唐山市来的，据名片看又是公司高级员工，没有什么可怀疑的。于是，停了片刻，收敛了嚣张气焰，挺和气地对王新民说：“王先生既是催货的，可以过去。不过你们要小心，碰到八路军时，你们要想法对付。这里到丰润县城还有几十里路，你们抓紧赶路好了，我们是唐山市的部队，专门进行巡逻的，不管你们的事。”

一场虚惊，竟这样顺利地放行了，有惊无险哪，我以为得“交待”在这儿了。多亏了王新民的机智沉着，“别担心，快到根据地了。”我俩相视一笑，继续向北行进，路上再未遇到什么麻烦，一马平川。虽然早已饥肠辘辘，但一点不觉得饿，回家，回家，是我脑子里唯一的想法。

下午4点左右，太阳开始西斜，感觉天马上就要黑了，我们开始感到疲乏了。此时，看到前面不远处有村庄的模糊影子，刚到村边时，有人呼喊：“干什么的，拿出路条来！”

话音刚落，两个机警的儿童团员出现在我们面前。他们打量我俩打扮，猜测我们会不会是特务？

王新民忙用本地话说：“我们是从唐山来，不到别的地方去，专门到你们刘家营来，找自家兄弟。”这两个十多岁的“小雨来”勇敢地走上前来，有一个忽然认出我来了，大声叫了起来：“哎，这不是刘杰大叔吗？”

我马上应声道：“对，我就是刘杰，这是王新民，我们今早从唐山出来，专门到这儿来的。”于是，他俩领着我们径直向村里走，边走边喊：“刘杰回来啦！刘杰回来啦！”

抗战期间，儿童团员在查路条

不多一会儿，有几个村干部十分热情地走上前来，亲切地同我俩握手问候，有的同志说：“听说你在杨家铺负了伤，被鬼子俘虏了，大伙十分着急，到处打听不到你的下落，今天见你回来了，真是太好啦！”一走到村办公点，村干部老乡们都围了上来。回家了，大家经历久别重逢、生死别离，如今在刘家营奇迹相遇，难以用任何语言来形容那股高兴劲儿。笑声朗朗、嘘寒问暖响成一片，谢谢同志们，谢谢大家，我卸下所有顾虑，和大家尽情地欢笑着，死里逃生，回到了根据地这个大家庭，家，我又回来了。

刘家营是冀东革命的中心地区，早在1933年就建立了党支部；1935年根据工作需要，又组建了情报联络站，至1938年冀东抗日大暴动，该站已成为冀东我党地下情报联络中心，冀东大暴动的筹备会议就在距刘家营五公里的田家湾子召开的。刘家营培养了大批革命干部，也为其他地区输送了重要革命力量，如：彭真、杨秀峰、杨十三、佟麟阁等同志都是经过刘家营交通联络站送过去的，刘家营根据地为抗日战争、解放战争的胜利作过重要的贡献。我在被俘前曾几次到刘家营，与众多村干部和儿童团员都较熟识，刘家营是我重生的地方，我有两次生命，一次是出生在陕北高原，一次是战斗在冀东大地。这里是我战斗、成长的地方，我永远也忘不了这里的一山一水、一草一木。

冀东抗战武装在极其艰苦的环境下不断发展壮大，打击了日寇的嚣张气焰。图为冀东抗日军民在对敌作战

晚间，老乡们为了表达心意，以春节的规格，布置了整整两桌年夜饭，为我专门补过了年，欢庆我们胜利生还，大家尽兴碰杯、个个畅饮，直到深夜12点多。考虑到刘家营靠近敌区的边缘，我们刚从敌区

脱离回来，还面临着一些危险。故饭后，组织上又专门把我俩安置在秘密的地窖里。苏哲同志后来告诉我，为了纪念我的蒙难归来，组织上将我住过的地窖保存了下来，作为永久的纪念，令我唏嘘不已！

翌日晨光熹微之时，刘家营的村干部把我和王新民送上路，一直护送到上、下水路。这里是秘密交通站，小歇一会儿，吃过午饭，我们即向北前往区党委社会部机关驻地李家沟。

出门不远，不巧碰上一队“扫荡”的敌伪军。可不能才脱虎口，又入狼窝，我俩急忙跳进路边田间一枯井，马蹄声脚步声不断从头顶传来，我打趣说道，我俩成了井底之“人”了。憋了约半个小时，声音稀疏，我们又赶紧爬出井，冒着细雨步行，一进李家沟，就见到了方飞、刘鸿章等同志。“首长”，警卫员见到我激动得不知道该说什么好。我拍了拍他的肩膀，“我好好的，死不了，走，给我说说你的变化……”在此小住了两三天，方飞同志派人把我俩送到军区驻地，向李运昌同志汇报。

当晚我们赶到军区驻地时，就听到一个熟悉的口音唤我。“小任，你回来了，给你压惊。”行署主任兼区党委社会部长朱其文同志不由分说把我拉走，直接用他的津贴为我设宴款待。

1945 年 8 月，冀热辽军区李运昌司令员在给出关作战部队讲话，做大反攻的战斗动员

第二天，我又见到李司令员，“司令员，我回来了。”那一刻，我这个游子终于回家了。“回来就好，回来就好，好好休息。”司令员紧紧握着我的手，不断地宽慰道……我向他口头报告了被俘的概况，然后写出被俘的详细书面报告。李运昌同志和朱其文同志告诉我，已将我回来的情况电告北方分局社会部部长许建国同志，北方分局决定由军区护送我回边区。

李运昌同志亲切地对我说：“你的态度是对的，应该如此坦诚向党交代一切，要相信组织，一定会正确对待你的被俘问题。”他同时告诉两件令我感到十分惊讶的事情。一是，我负伤被俘后几天，日本人即用飞机向根据地散发了署上我名字的《刘杰告冀东同胞书》。该书中说道什么日本正在实现东亚共荣，中日亲善。“这是敌人的毒辣手段，想使我不敢逃归生还，我向党保证，绝无此种叛变投敌的行为！”

司令员和蔼地看着我：“我们知晓此事即判断为敌人的阴谋，我们相信你的忠诚。”从此以后，即便是对我几十年的审查中，也从来无人提起此事。

二是，日本曾提出要用一名被我俘虏的日本宪兵大佐（据说是日本天皇的侄子）同我交换，已经征得军区领导同意，不料这个日特在由路南向路北护送途中遇到敌情，被我方击毙，无法实现这一交换计划。

我在军区住了半个多月，3月中旬正好有一批干部要到分局党校参加整风学习，组织上决定让我随同一起回边区去。临走前，军区还派了一名通讯员照顾我，并给我一头小毛驴，大大方便了我的行程。

到达边区中心阜平县史家寨，我首先见到了老首长许建国同志，他十分热情地问寒问暖，并嘱咐我好好休养。随后，王新民便到了边区政府招待所，以后又到政训班学习。1945年5月，我到分局党校参加整风，并由党校负责审查我的被俘问题。至此，我一生中惊心动魄的被捕生活画上了句号。

后来，我才知道，自己之所以能够虎口脱险，完全是在我的老领导、老首长许建国、李运昌、朱其文等同志的高度负责热情帮助下，在张家声、蒋志岐以及赵子荣等战友的具体策划、精心营救下，才得以成功。

1986年，任远（中）与当年参与营救其脱险的蒋志岐、赵子荣等合影

赵子荣同志在整个过程中发挥了重要作用，赵是蒋志岐同志领导的1420部队的重要内线。他为营救我，买通日特青柳，并用数十根金条设法满足了日特青柳的私欲，得以使敌特轻信了我的伪供而改变了监管方式，使我有机会脱险。一个人走多远，要看他与谁一路同行，没有首长同志们的帮助，我根本无生还希望，我的第二次生命是他们给的。

我一辈子都记得烽火岁月中用鲜血生命凝成的战斗友谊。

十二、怀念我潜伏在敌人心脏的战友们

抗日战争中的情报网，联结潜伏在敌占区的为信仰奋斗的同志，凝聚起点点滴滴的宝贵情报，以节点的形式传达着平安与危机的讯息，血肉之躯、精神之魂都在一份份情报的传输中经历考验。如今《潜伏》等谍战剧的描述，有剧作者的尽力还原，有现代人的猜测，还有脱离实际的臆造。我们当年以激情燃烧、为信仰战斗的经历，是我人生最壮丽的诗篇，也是共和国的宝贵财富。

抗日战争中，我和我的战友在东北和关内敌占区建立了广泛的情报网，成为埋在敌人心脏的定时炸弹，成为扎在敌人肌体的尖刀。这些潜伏在各地的秘密工作者，在不同地方，不同岗位、不同时间，积极地向敌人展开了斗争，有的公开出面，有的隐蔽指挥，为取得抗日战争的最后胜利作出了应有的贡献，起到了公开斗争难以起到的许多作用。

我在 1943 年底向东北派出的赵东黎同志，是吉林省农安县人，他家离长春市只有 80 公里，他的哥哥赵世孚在吉林伪第二宪兵团警务科任上尉警务主任，其母亲住在其兄家，这些条件促进了他掩护和开展地下工作。以前他是晋察冀边区华北联大的干部，为了开辟东北情报工作，分局社会部长许建国选定他于 1943 年由边区经平西、平北到冀东交我派出。

为使赵东黎同志能站稳脚跟，我让李培德同志负责从滦县找到可靠的关系作为赵东黎的掩护据点，即利用滦县商人康子荣在吉林省农安县开设的“义德增”商号。“义德增”由我方出资八千元作为投资合伙的股东，

2010 年，任远赴杨家铺看望长眠于此的战友，并题词留念

由吴子荣担任经理，康子荣任副经理，赵东黎为伙计。这个实体性的经营单位，给赵东黎提供了顺其自然的身份掩护，大大地方便了赵东黎同志在农安的活动。

同时，我们又将长春市地下党员李焕章（在义发银行当庶务）介绍给赵东黎秘密联系。经李焕章同志联络的有王习、高永涵、陈自新（后任吉林市公安局副局长、化工学院党委书记）、陈之捷、梁若本等，经赵东黎同志发展为党员的同志有其未婚妻孟恕及其兄。由于赵东黎在农安、吉林均有很好的掩护，许建国同志决定在长春建立秘密电台，本已将电台及报务员、译电员安排好，我则在军区机要科待命。后因李培德同志于 1944 年春牺牲，1944 年秋我又负伤被俘，电台未能建成。

日本投降后，苏军实行军事管制时期，赵东黎同志已有合法地位，并与苏军建立了联系，通过与边区派出的刘健民同志、晋察冀分局的傅根深同志（由刘仁同志派出）联系，在周保中同志的领导下，终于成立了长春工作组。此后，赵东黎和徐慎同志从沈阳回来，组建长春临时工委，负责群众工作，成绩斐然，获得了同志们与广大群众的热烈拥护及积极反响。在赵的组织领导下，吸收爱国青年数百人参加轰轰烈烈的群众运动，组织发动八九个群众团体，吸收 120 余名青年党及社会人士。

1945年9月，陈毅夫（大光）同志帮助刘健民同志在伪邮电宿舍建立了邮政技术联盟（联盟的成员约有30人，后来他们大多数参加吉长地区部队及其他部队的电讯工作）。我们还对东北作家协会10余人做了大量工作，通过出版文艺刊物等形式，从政治上启发他们的爱国主义和提高阶级觉悟。我们促成100多人参加苏军建立的东北中苏友好协会，还组建了青年进步学会、东北青年建设协会、工会筹备委员会、东北青年学会、东北民众运动指导委员会等，青年进步学会由任文超、刘理等10余人组成。在此基础上，他们还筹办了精华中学，发挥了与国民党进行长期斗争的社会阵地作用。

赵东黎同志还充分运用与朝鲜、日本人的组织的联系，促进革命工作。日本投降后，赵东黎同志先后担任长春工委民运部长、长春市委统战部部长等职务，为解放长春市作出了重要贡献。全国解放后，赵东黎在担任吉林省委副秘书长的岗位上尽职尽责，颇有贡献，是我党隐蔽战线上的一位当之无愧的无名英雄、忠诚卫士，他的光辉史绩，将永远留在人们心中，永垂不朽。

在东北长春市，我们还有一位名副其实的“地下尖兵”，他就是伪满中校教官张庆和。他为东北的地下秘密工作作出了重要贡献。“八一五”日本投降后，经李运昌同志推荐、周保中同志同意，并经长春市工委批准，张庆和被委任为长春市第一任公安局局长，此后升任吉黑纵队副司令。

张庆和是冀东乐亭人，留日学生，中共乐亭县委书记李海涛的姐夫，是我冀东、东北情报联络站在伪满军界重要的内线。早在1942年，冀东军分区司令员兼政委李运昌同志就指示李海涛，争取其姐夫张庆和秘密参加抗日地下工作。李海涛同志为此专门找到其姐姐李玉贞，请她亲自到长春以探亲名义动员说服张庆和参加抗日，从事秘密地下工作。李玉贞详细转达了李运昌同志和李海涛同志的口头信息，张庆和了解相关情况后，毅然接受妻子的意见，并由李玉贞担任交通员，从此夫妇俩便开始源源不断地向军区提供重要的军政情报。

1943年初，李运昌同志将张庆和的联系关系移交给我。我安排路南、伍彤、高展与李海涛、李玉贞（党员）直接负责联络，保持单线秘密联系，严守保密纪律。1944年秋，伍彤回边区参加分局党校整风学习，我负伤被俘后，由高展同志负责同张庆和、李玉贞以及哈尔滨伪江上军（即海军）军官吕天（吕殿元）等重要内线秘密联系，直到日本投降。

李运昌同志进驻沈阳后，张庆和立即赴沈阳向李司令员请求工作指示。李运昌同志令张庆和返回长春，配合苏军，提供有力的援助。张庆和认真落实组织上的安排，马上投入新的革命斗争当中，积极与爱国军官秘密联络，努力保护敌伪档案财产，动员警察大队协助苏军维持长春市内治安，有效地防范了部分敌特分子的破坏。当我军主动撤出长春后，张庆和被任命为吉黑纵队副司令员，作战勇敢，表现很好。后来，国民党军统阴谋策反张庆和，阻碍全国解放形势，但张坚决抵制国民党特务的诱降，依旧潜伏于敌人内部。

1947年秋，组织上误以为张庆和被国民党特务策反，立即将张庆和逮捕，同时还逮捕了与张有联系的十几个同志。由于当时的环境及斗争形势的复杂性，在暂未查出确切证据的情况下，造成了张庆和的同志的冤案……直到“文化大革命”后，我党拨乱反正，才对张庆和一案予以纠正，进行平反。

在东北地下斗争中，还有位人物：吕天。他组织策划了哈尔滨伪满江上军起义。吕天是哈尔滨人，自幼受日伪军统治，在自发的爱国思想的驱使下，提出参加八路军的请求。

早在1940年，吕天就自发地与一些有爱国思想的进步同学组织了“恢复会”。该会的宗旨是“反满抗日，恢复失地与主权”。1941年春，“恢复会”副会长崔立福，与“财务养成所”老同学联系，试图寻找共产党。在这个过程中，被日伪警特发现，后来日本特务利用开会机会，将与会代表全部逮捕，致使“恢复会”被瓦解。“恢复会”成员被分配到江上军中任排长的有吕天、王勋章、毕福临、李朝忠、王魁元等。他们利用合法身份，在所在连队或舰队进行反满抗日的宣传。逐步形成以“恢复会”会员为核心，以伪军校约30名学生为外围的骨干队伍。

1943年5月李玉贞回老家找到了李海涛与高展同志，提到了吕的表现，二人同意吕天为我党的情报工作人员。

1945年8月8日苏联对日宣战，吕天等人也加强了起义的准备工作。吕拟将起义部队统一时间，统一行动。伪江上军官兵在反满抗日方面是一致的，但思想比较复杂，并不完全愿意跟共产党走，不少人有忠孝的传统观念，倾向由国民党来接收。

为配合苏军，吕天决定在8月10日伺机起义，参加起义的队伍包括：江上军一团、二团与教导团，推举一团团长张洪山任起义军军长，吕天为起义军参谋长。8月14日下午，战士先将值班的日军军官端谷少尉打死，同时鸣枪三声，统一行动，离开哈尔滨市，向北进发。

起义部队15日晚到榆树镇宿营，此时他们尚不知日本已投降，遂决定于8月16日下午2时起义。先遣部队到兰西县城南门外，将前来出城欢迎的日伪县长枪决，同时打死十几名日本人，打开县监狱释放了全部犯人，又将日本人关押在监狱。16日晚，他们听到广播方知日本已投降，8月17日上午召开全体起义军官大会，决定返回哈尔滨，受到市民夹道欢迎。这时起义军已改为三个师，是为了日后打游击便利而作的安排。大浪淘沙，后来，他们当中一部分参加了八路军，也有一部分受国民党特务的拉拢，投靠了国民党。吕天同志在全国解放后，担任吉林市公安局长、市检察长等职。

日本投降后，冀东大地上从事敌区地下工作的战友，及时挺进东北，作出了重大贡献，令我十分敬佩。我虽不幸身负重伤为日寇所俘，而可喜的是地下组织完好无损，并在各个不同的战斗岗位上发挥作用。在杨家铺血战后，隐蔽战线的许多同志都继续奋战。我的领导、战友钟子云同志奉命调回边区后又到延安养伤，他在日寇投降前，1945年8月9日在延安向党中央毛主席写了一份颇有重大历史价值的“东北工作的几点意见”。时隔30多年，我在80年代第一次看到这份文件时，对钟子云同志立即产生了无限崇敬之情。

这份材料是钟子云同志长期从事东北工作的总结，是根据当时东北情报组织提供的有战略价值的资料写成。文中提到了我们收复东北后政治、经济、军事、教育、侨民、农业、工业、财政、组织领导与干部问题等十个方面的宝贵建议，每个方面既有现实情况分析也有建议，颇有重要的指导意义，对我党收复东北后在工作上起到了积极作用。1945 年 8 月底，党中央决定派钟子云、陈郁、孔原为第一批去东北的干部，钟子云任哈尔滨市委书记，在彭真、陈云等中央领导同志的直接领导下负责东北工作。钟子云同志是我在隐蔽战线上所碰到的一位有经验、有魄力，为人谦虚、对同志诚恳、平易近人的老领导、老同志。全国解放后，他调到中央负责煤炭部的领导工作。他离休后仍为党的事业持久发展，不断和李运昌同志联名提出有创造性和建设性的建议，受到党中央领导同志的赞誉。1999 年，钟子云同志在京病逝，我深为怀念。

1997 年，任远（右）与钟子云合影

当年在冀东情报站的战友，一部分随军进入东北，如：伍彤、高展、岳武等同志，他们到哈尔滨、沈阳等地继续从事公安保卫工作。还有不少同志仍留在冀东积极开展敌区情报工作，作出了令人振奋的光辉业绩，如：宋敏之、方飞、王钧、苏哲、蒋志岐、刘鸿章等，他们在冀热辽区党委社会部部长李一夫同志和唐山情报站站长李文同志直接指挥下，在解放战争中作出了卓越成绩，其中唐山情报站的功绩尤为让人赞叹。

唐山情报站对外叫“飞行大队”，威震冀东。在解放战争中，冀东和唐山的情报工作起到了重要的作用。正是因为有了唐山情报站的千里眼、顺风耳，使得我军对敌人的行动做到了敌动我知、了如指掌。特别使我感动的是，他们冒着生命危险，通过各方面的联系，用白布绘制了300多尺的特殊地图，辗转送到第四野战军手中。地图上把从北平至山海关的铁路和公路沿线上的敌军驻地、炮楼、地堡、兵力部署、兵种分布、武器装备等情况，标得很清晰，连主要地貌都标上了。四野领导和军区党委倍加赞赏，为冀东解放和平津战役的胜利起到了重要的作用。他们帮助我方成功地破获了国民党华北“剿总”二处派出的“长江潜伏组”一案，创造了奇迹，战果辉煌，我为他们的感人事迹感到骄傲。

由蒋志岐、苏哲同志领导的“飞行大队”是仅有20多人的武工队，在对敌斗争中，拧成一股绳，像钢刀般插进了敌胸膛。在解放唐山、接管城市工作中，唐山情报站飞行大队的李文、蒋志岐、苏哲同志亲自率队，首先入城接管。他们在血火的沐浴中，描绘崭新的革命前景，谱写了一曲生动的、感人肺腑的、真实的“由地下到地上”的战斗乐曲。我当时奉命接管北平，虽未能回到冀东，但我的这些亲密战友、同行们的出色表现，至今都令我深深敬佩。唐山市解放后，宋敏之担任了第一任市长并兼唐山工委书记，方飞同志任市政府秘书长，苏哲同志、蒋志岐同志担任市公安局领导职务，刘鸿章担任卫生局领导工作。我为他们的努力、进步，从内心里感到欣慰。如今，同我在冀东地区从事隐蔽斗争的这些战友，有的已离开人世，我永远怀念他们，怀念我们那青春燃烧的战斗岁月。

十三、坦然接受党组织的考验

在我的生命历程中，被日军俘虏只持续了短短四个月。在这四个月当中，我的生命经历了生与死的考验，我的信仰获得了空前的巩固。中国共产党的历史是为了民族独立、富强的历史，也是自身不断壮大成长的历程。对于有幸成为当中一员的本人而言，这么短短的四个月历史却为日后的人生画卷注下了难以回避的印迹，历史终归是历史，历史只有细致地归纳、客观地评价、全面地透析，方能够使历史为现在、未来提供若干动力。我无愧于自身的革命历程，也无愧于自己为之奋斗终生的革命事业，历史为人们所见证，历史将永远保留在我的记忆及文字当中！

如今看来，我的被俘历程跌宕起伏，正是外部客观情况及我自身行为相互作用的结果。这四个月的过程可谓复杂而离奇，是我永生难忘的人生炼狱，虽已时过境迁60余载，但至今我仍刻骨铭心，回忆起来各种情景历历在目。起初在遭日寇围攻时，我已侥幸地突围脱险，但为营救仍被敌围困的领导和战友，又义无反顾地重返险境。我在突围中负伤而不死，虽然被日军俘虏，但从未停止过抗争，甚至欲自杀明志。在敌人软硬兼施、戒备监视严密的情况下，我竭尽全力与敌周旋，在组织及其他同志的帮助下，竟然意外顺利地逃出魔掌。这个过程充满了人性的坚定与动摇、英勇与怯懦，斗争双方的智勇与奸诈、进攻与防御。这四个月，在生与死的殊死搏斗中，我经受了严峻考验。这四个月，我犹如大闹天宫的孙悟空，掉进了太上老君的八卦炉，被日寇的魔爪控制，浑身的革命力量难以发挥。这四个月，我化身为浴火的凤凰，在“虎穴”当中与“虎”斗，从而得到胜利，由死而重生。

历史是客观事实造成的，任何人难以改变。我这段历史具有特殊性，要彻底澄清的确有相当的困难，主要在于三个方面。

首先，我无法找到同案的人证。因为从被俘之日起，我始终处于单独囚禁、与世隔绝的封闭状态，找不到任何一个人可以证实我的言行。

其次，关于我被俘表现的佐证材料未被找到，组织上一时难以判定我的交待是否真实可信。

最后，关于对我被俘审查的材料也找不到了。由于战争年代，敌人频繁“扫荡”，据华北局组织部告知，撤出张家口后有关我的审查材料找不到了，这又为日后的客观审查、还原历史真相带来不便。我四个月的被俘历史，本身是充满起伏的不平历程，此后长达35年之久的审查同样激荡。对此，我始终坚定对党和人民的忠诚，坚信事实就是事实，历史是任何人都改变不了的，坚信我的历史经得起时间和人民的检验。

在我看来，一次次审查，无非是一次次考验。我相信，只要以坚定的信念，以对组织坦诚的态度，肯定可向党交出满意的答卷，党终将给我作出符合实际的正确结论。我一直秉持对党负责、对自己的历史坦白的态度，做到决不隐瞒、决不夸大，忠诚老实、心胸坦然，不论出现什么误解或遭遇到什么挫折，都用共产党员的党性要求自己，绝不悲观、更不消极，从不抱怨、不发牢骚。同时，在工作上更加勤奋倍加努力，以实际行动，接受党的长期考察。从一定意义上而言，对我历史问题的审查，伴随着我逃回刘家营后大部分的时间。

从1945年2月到1952年，事实证明，组织上对我的工作安排是适当、正常的，组织上这八年间对我的审查也是十分认真负责的，我也是经得起考察的。我从唐山逃回冀东后，首先以详尽的书面材料形式向冀东区党委汇报被俘的情况，并且当面交给冀热辽区党委书记李运昌、社会部长朱其文两同志，并请求北方分局组织部、社会部审理。冀东党组织对我的归来，十分热情、非常关怀，肯定我主动向组织汇报的行动，对我的问题给予高度重视，当年3月中旬向社会部长许建国和谢甫生同志作了汇报。

此后，组织又专门派人护送我到边区。来到边区，我并未受到组织上的正常审查的影响，认真开展工作。在这期间，我又写了被俘经历的书面材料。分局社会部综合考虑我的历史表现，决定送我到分局党校参加整风学习，我对组织上的安排感到异常振奋。在党校学习中，我与其他同志享有一样的政治待遇，可以参加党小组、看到党的文件。在三个多月的整风学习中，就我的历史问题，同志们认真地进行了审查。我坚持“批评与自我批评”的作风，联系自己的实际，忠诚地交待自己的一切，进一步地明晰了被俘的经历。这一切都使我放下思想包袱，为革命奋斗终生的满腔热情一次次被点燃，可以讲那段学习生涯让我收获很大。

就在我不断锻炼提高自己的时候，突然传来了意想不到的特大喜讯：8 月 15 日，日本天皇宣布无条件投降了。顿时整个边区普天同庆、大家载歌载舞，都跑到山头上高声欢呼：“日本鬼子投降了，抗战胜利了！”整整一个晚上，大家兴奋得无法入睡，到处是一片欢腾。第二天，党校宣布学习结束，号召学员们立即准备返回前线，投入最后的战斗当中。我们党校十一队全是冀东地区的干部，全部返回冀东，准备挺进东北，主要负责收复失地。我多么想回到我熟悉的冀东，和战友们携手同心，投入那火热的战斗中去啊！可是，校长赵振声找我谈话，让我先回分局社会部工作，准备接收张家口，组织问题等到张家口后再研究解决。

十四、在张家口排查敌特潜伏人员

由于上述原因，我就没有回到冀东，一个人背着行李回到分局社会部机关待命。当时心中难免有些嘀咕，但一切行动听指挥，我与留在机关的同志一起于1945年10月份先到张家口市，等待组织的分配决定。后来，许建国同志找我谈话，让我先到张家口市公安局帮助工作。他告诉我：因组织问题尚无结论，暂先不过组织生活。实际上，我没把自己算作闲杂人员，在与许建国同志谈话的第二天，我即到市公安局报到，开始在一条新战线上耕耘。

抗战胜利之初，形势错综复杂。张家口位于敌我蒙三方交界地带，开展工作难度很大，常出现犯人比看管人员还多的局面。时常因战局变化，紧急转移。

为迅速摸清敌特潜伏人员活动情况，我决定先从有家属的犯人入手，一般来说，这样的人加入“特务组织”主要是为了维持生计，本质并不坏，完全可以一次突破打开口子。果然，一名叫作郝维斌的伪警特引起了我们的注意。我来到他身边，反复启发，不断做工作，并动员其妻也对他进行规劝，效果十分理想，他主动供出了一个叫作“反帝大同盟”的特务组织。坦白从宽，我们立即公开释放郝维斌，并让他现身说法，击破了“共产党杀人如麻”的传言，使不少有问题的犯人纷纷主动交代了问题，收到了事半功倍的效果。顺藤摸瓜，我们还以特制特，派进内线，短短三个月，就打开了局面，让市公安局领导赞叹不已。

为彻底肃清敌特势力，我由审讯转为侦察。为了开展好侦察工作，我立即组建了一支30人的特别小分队。为了起到奇兵突击队的作用，我专门给他们讲如何进行侦察工作的科目，就这样一边学习，一边实习，为日后卓有成效地开展侦破工作打下了基础。很快，我们就发现了国民党地下军的活动迹象。据侦察，在察哈尔省十几个县有国民党的秘密组织，军长刘建勋发展了以张家口市为中心的地下武装，名为察哈尔省挺进军。既然名为地下，肯定是隐蔽活动。我和同志们研究，必须掐断敌人地下和地上的交通线，然后要快要猛，在敌还未察觉的情况下，迅速插进去。经过侦察，我率领人先将该反动组织的联络部部长逮捕。突击审讯后，刘很快供出了该组织的活动情况。由此，我们查明了军长刘建勋的活动情况，趁热打铁，集合队伍连夜奔敌老巢，一举擒获刘建勋，彻底清除了张家口的匪患。

此时解放战争已全面爆发，敌人并不甘心失败，又加紧派遣特务潜入。

我们从北平内线获悉敌人从北平派出一个潜伏组，这个潜伏组组长是老牌军统上校特工李泽青，他已先期潜入张家口，带有一部美式小型电台，任务是给敌先遣部队打前站。来者不善，对方果然是高手，一连几天都抓不到任何线索。张家口那么大，时间紧，已不可能拉网大排查。我苦思冥想，“有了，对方既然来，肯定得有落脚点，从内线报告的情况，张家口并无其接应人员，加上为了解我军，肯定得早出晚归，住宿地点必靠近我军营。”果然，我们在我部队的附近旅店内查出由北平来张家口的人员中，有个姓李的商人，行为十分可疑，符合我的分析。“派人看着，一刻不离。”为了对敌

解放战争时期的任远

潜伏组织一网打尽，我们采取快捕快审的办法，在一个中午突然秘捕李泽青，经我直接严讯，李交代了其组内的其他十余名特务名单。我们迅速将其全部逮捕归案，将其电台缴获后，继续保持与敌联络，打了一场迷惑敌人的秘密战。同时，李泽青为了立功，还向我坦白另一个我们未掌握的情况：另有一组特务在他之前已在张家口活动。依据其报告的情况，我们当晚也立即将其组破获。

经过诸多扎实有效的工作，有效地保卫了张家口和晋察冀军区的战略转移。1946 年 10 月 10 日晚，我军主动撤离时，我们逆用电台主动制造了大部队仍留在城内的讯号，导演了一出空城计。直到撤退的第三天，傅作义部才“胆战心惊”下达了“进攻命令”，除了一座空城，什么也没得到。

风雨见忠诚。在出色地完成任务后，一次开会，我巧遇老首长李运昌司令员，在他面前，我孩子般地将心中憋屈一股脑倒出。李司令员为人正直正派，他当即表示，将直接向晋察冀中央局反映冀东区党委对我被俘历史的审查意见。

据悉，组织上根据我的详细交代（包括向冀东区党委、分局社会部、分局党校提交的三份书面报告），冀东党组织的考察意见和有关地下工作同志的证明，特别是我负责的组织及人员的表现情况，专门召开会议进行了审议，中央局主要领导人刘澜涛、李葆华（赵振声）、许建国、姚依林同志等经过共同讨论，正式作出恢复我党籍的决定，明确肯定了我在被俘期间政治上没有原则性错误，工作上是一贯积极负责的，作出了“相信本人交代，决定恢复组织生活”的鉴定。因是战争年代，审查结论还是留下了个小小的尾巴，结论最后写道：“如发现新的情况，另行处理。”

1946 年底，当组织上将这一结论直接让我阅后提出意见时，我没有丝毫的犹豫，表示坚决服从，毫不在意所谓的“新情况”。在我看来，相比战斗中牺牲的同志，我活了下来，党组织又这么信任我，介意这些做什么。结果，这个“尾巴”在新中国成立后拖了我的后腿，折腾出不少事。

十五、在北平侦破潜伏特务案件

解放战争到了第三个年头，战局发展得出乎世界的想象，斗转星移，小米加步枪的“泥腿子”，从蒋介石这位富裕的“运输大队长”那儿全换成了一水儿的美国造。三年后，“东北虎”挥戈南下，又回来了。头戴狗皮帽子的百万雄师锐不可当，战天津、围北平……攻无不克、战无不胜。毛泽东如此形容这支劲旅：“林彪壮得很哪。”猛虎出关了，1948 年 10 月中，北平的昌平、南口已经完全解放之时，冀热察军区和区党委及时组建了南口军管会，决定由我出任南口军管会副主任。后方控制前线，前方打胜仗需要后方做保障。百万大军来了，衣食住行是个涉及民生的大问题。枪杆子、菜篮子、身上衣、口中粮、小米步枪一个也不能少。

1949 年，谭政文参与接管北平，任首任北京市公安局局长

解放区的天是明朗的天，军爱民、民拥军、人心向着共产党，军队打胜仗、人民是靠山。我和战友们统筹规划，把支前、参军、生产等任务安排得井然有序，各

项工作热火朝天地进行着。不少人觉得后方等于休养，可我不这么认为，我启动潜伏在平津的内线，给“猛虎”扫描坐标，不断将准确情报植入“虎脑”，如GPS般的精准定位。虎啸平津，军队有了人方能打仗，而有了情报更能打胜仗。情报可抵十万兵。

1949年1月北平和平解放，为了顺利接管北平，中央成立了北平军管会，委任叶剑英为主任，1月30日先派少数同志进城做好接管准备工作，由中央社会部副部长谭政文同志任北平市公安局局长，我被任命为市公安局二处副处长。

当我们见面后，谭政文很奇怪：“你是任远？不是训练班二班班长马耀武吗？”我笑了，简要汇报了我离开延安到敌后工作的情况：我从1939年2月由边区保安处二科（侦察）布鲁处同姜吼一起调中央社会部工作，3月离开延安到敌后晋察冀模范抗日根据地开辟敌后情报工作时，负责领导我们的是中社部保卫部部长杜理卿，任中央延安考察团副团长，改名为许建国，我们13人均改名字，我既由组织上改名为任远，以后就一直使用已改的化名，再未改过来，所以你不知道，连我们的家人也不知道。

谭政文同志曾任陕甘宁边区保安处三科科长、副处长，给我们七里铺训练班讲审讯学。他课讲得很精彩，大家都知道他是有名的审讯专家，师生重逢，格外高兴。他勉励我今后在工作中要继续努力，按时到市公安局参加接管工作。我将整理的一本“北平概况”交给了谭局长，他十分满意地说：“这是我看到的第一本重要材料。”

分头准备入城后，如何开展工作？中心任务是要努力接管国民党政府机构及妥善处理国民党政府公务人员，中心是稳定治安，维持市内社会秩序，妥善处理国民党政警宪人员。为迎接党中央从平山西柏坡进驻北平，适时召开新政协，为结束全国军事行动筹备建立中央机关，为了和平顺利接管有千年文明的古都，不惜集中一切力量做好必要的全部筹备工作，防止破坏。

入城在即，我已定提前入城，不料正当此时，为了加强侦察工作，上级命令我直接负责接管中央及各战略区的情报组织及其地下关系。我未提任何意见，入城工作第一，不考虑个人问题。我于1949年1月30日秘密乘坐一辆大卡车，车上有30多人，佩戴北平军管会袖章，自带武装，与警卫员韩顺宽一起，首先入城。此时，北平的城门警卫仍是傅作义的部队守卫，当晚我们进城先驻东交民巷。当天晚上找不到30多张床铺，我们就和衣睡在地板上过夜。这就是和平接管北平第一个夜晚。但谁也不叫苦，一切为了工作，吃苦耐劳，这是家常便饭，习以为常。

第二天即1月31日，天亮起床后，我们个人按照计划，自己开始了接管工作。我仅带警卫员韩顺宽先到东城灯市口楼上找到北平军统局少将站长徐宗尧，在他的办公地点接头谈话。我按事先联络好的计划，第一个见面的是军统局北平情报站少将站长徐宗尧，我自称军管会北平公安局侦察科科长，现奉命前来接收北平情报站的全部工作，我先宣布北平市接管工作的规定，望即遵守办理，服从决定，不得违背军管会约法。

徐宗尧带领随从十分恭敬地向我介绍情况，此人三四十岁，中等个子，南方口音，会讲一口流利的北平话，十分精明。他首先表示欢迎北平和平解放，自愿服从北平市军管会一切规定，如有违背，甘当一切责任接受处分，现自愿放下武器，自动交出北平站全部工作人员名单以及电台武器，并下通知，从此停止一切活动，听候政府处理。

我听完他的简短表态，当即代表军管会表示：欢迎徐宗尧先生的明智决策，愿共同合作，维护市内治安，一切为了顺利完成和平接管工作，使市民安居乐业，一切生活顺利安康，不发生不利于军管会的活动。由于徐宗尧先生早已洞察形势，在北平和平协定之前，他已主动弃暗从明，曾先秘密向我城工部部长刘仁同志部下表示投诚，服从安排，因此接管工作十分顺利，我对其优待处理。

徐宗尧少将主动向我投诚，交出秘密电台8部，手枪66支，率军统特工人员到北平市公安局二处报到，接受特训教育。清河大队先后收了2000多名特工人员接受和平接管后第一批学习，市公安局派安林同志任大队长。这一措施收到很好效果，为反特侦察工作创造了新的宝贵经验。徐宗尧为了立功，首先向我汇报了沈阳军统站少将站长李伟龙和承德军统少将站长冯友兰的情况，我当场接收后送到清河大队改造，进行思想感化。

徐宗尧学习积极表现进步，毕业后仍在我公安部门工作，他曾到我家探访。后经城工部刘仁同志推荐，徐宗尧担任北京市政协委员，这是化敌为友、政治攻心政策的成功案例。

入城之后，我集中精力了解和熟悉各地情报组织工作，分别进行个别交谈。由于工作繁重，一天只能在车上休息两三小时，大多数时间都是交谈工作。每天虽然很紧张劳累，但因我尚年轻刚满 30 岁，身体好，工作起来不知疲劳，心情十分愉快。

当时工作中心是保证中央进京平安，一般敌特除有行动破坏性的案件，抓紧及时破案；一般只作情报活动的，只抓好侦察，掌握动向，一般不作破案。各队情况不同，只能汇报分别处理。对于敌特人员，除有个别特殊情况的，一般采取稳住盯住，凡有行动的及时侦破随捕随审，力求准狠，防止漏网，总之一切按局处领导要求办，及时完成任务。

1982 年，平北抗日根据地党史资料委员会合影，二排右一为任远

敌特为了进行隐蔽斗争，在北平和平解放之前派郑介民秘密来京作了部署。据北平站徐宗尧密报，郑介民对北平站一个秘密电台单独部署，不让徐宗尧知道，因此北平站八部电台，就有一部当时无法找到，我命令徐

宗尧设法查找，务必掌握其活动防止意外。

接管工作有序推进。中央已定近期入城，为了迎接党中央领导同志安全入城，市公安局作了全面部署，加紧侦察敌特行动，严防武装特务乘机进行恐怖行动，决定对有进行敌对行动破坏的特务组织坚决侦破，及时镇压，并命令全市侦察工作全力以赴加强情报网络，建立日夜值班制度，凡有重要情况，必须立即向上报告，不得延误。

军人内心都渴望与最强大的对手过招。不用说，世界上最优秀的情报机关肯定是美国中央情报局，007 这角色不知“迷”了多少观众。电影是经过艺术加工的。告诉你，我就跟美国的 007 交过手。

3 月中旬，我从情报站内线获悉，美国中央情报局已派一远东情报组潜入市内，并带有美式电台，正在东城进行秘密活动，其负责人已被我监视，抓？不抓？是个棘手的问题，是用它做鱼饵吊大鱼，还是主动引蛇出洞？开国大典在即，这可不是闹着玩的。大家纷纷议论。

“抓，出了事我顶着。”我力排众议，机断专行。当晚密捕情报组长上校熊先立。市公安局局长谭政文也立即赶到一起突击审讯。别说，这人还挺硬的，死不交代，一副老油条的样子，还反咬一口，说要控告我们非法扣押侨民。“出风头，怎么样，出事了吧。”有人幸灾乐祸地起哄。我脑子一团乱麻，没有其他任何证据，电台藏在哪儿？只有找到证据才是突破口。

晚上 12 点了，我硬着头皮向谭局长请示，可否允许我到其住处搜查。局长点了点头，眼神里充满了信任。在延安，他给我上过保卫课，学生不能给老师丢脸。只有一晚上时间了，我直奔现场，每一个角落都不放过。我看了看表，3 点多了，仍一无所获，离天明不到 3 个小时了。这么大海捞针不行。我环顾四周，目光落到了他枕边一本旧书上，挺有闲情逸致的。不对，他哪有时间读书？我仔细翻查每一页，在倒数几页叠着张纸片，我一看，原来是中央情报局颁发给熊先立的委任状。美国佬做事真细致，还有中英文对照呢。一点不假，书中藏有真情报啊。谭局长说：“我就知道学生不会让老师失望”。听到这句话，我们都笑了。铁证如山，一下子 007 瘫作一摊烂泥。走出审讯室，北京的第一抹晨光洒在身上，贴心的暖阳把全身烘得热乎乎的。

十六、智擒国民党“上将”特务张荫梧

1949年1月北平宣告和平解放。外行看热闹，内行看门道，我们很清楚“北平不平”，阳光背后仍残留着阴影。为了使北平真正的和平，我们仍在无声的战场上默默地工作着。

2月中旬，为了保卫党中央安全进驻北平，组织上决定密捕一名国民党重要人员。该行动事关重大，组织上指定由我直接负责。这人是谁呢？级别一定不低。原来蒋介石为了在我军进占北平后仍掌握情报，密派磨擦专家张荫梧上将潜留北平，委派他任华北游击纵队总司令，张随身带有电台及武器，行动十分机密。

张荫梧，河北博野人，毕业于保定军官学校，后投靠晋军阎锡山。1928年奉军张作霖沿平汉路往北撤，阎锡山出娘子关截击，打头阵的就是担任晋军师长的张荫梧。张作霖溃不成军，张荫梧乘胜追击，直到北平。阎锡山任命张荫梧为北平市长、北平警备司令。阎锡山、冯玉祥联合反蒋时，张荫梧曾任第一路军总指挥。阎、冯倒蒋失败，阎锡山退回山西，张荫梧回老家博野杨村开办四存中学。

抗战初期，张荫梧退到山西、河南交界的林县、陵川一带，曾经在八路军的帮助下建立了河北民军。这个野心家和投机分子，在有了一点实力之后，又觉得八路军是他发展的障碍了。于是，他在1938年夏到武汉去投靠蒋介石，受到了陈诚的接见，被任命为河北省三青团总干事和民政厅长。从此，他公开反对共产党和八路军。1938年12月，他发动驻在我抗日根据地博野的民军兵变，结果博野的民军被我军收编。接着，他又密电冀中独立第二支队柴恩波部脱离我军，策动其投降日本，名曰“曲线救国”。1939年6月，张荫梧在冀中抗日根据地深县，残杀八路军机关工作人员和战士400余人，这是国民党在抗日战争时期第一次反共高潮的具体表现。我军忍无可忍，于1939年6月，发动了对张荫梧的进攻，张荫梧只带了几个卫兵逃跑。在解放战争时期，张荫梧是平汉路护路司令，但无兵无权，只在保定办了一个四存中学。1948年，张荫梧在北平被傅作义任命为上将参议，仍是一个闲职。

辽沈战役后，傅作义的平、津、张一线处在危险之中，而穷途末路的张荫梧忽然有了东山再起的幻想。他在1948年11月，组织了一个20多人的自救委员会，这是封建遗老、落魄军阀政客、青红帮上层人士的集合体。当时张荫梧公开宣称：“中国有两个统治者，一个是共产党，一个是腐败的国民党。现在政府要倒了，而且一定要倒。这样就造成一种机会，各种各样反共的人，其中特别是带兵的人，会在各个真空地带活动。以美苏为对立双方，将发生第三次世界大战，这时公开和秘密活动的反共人士，将联合起来，成为中国的主人。”他就是没有把他心里的最后一句话说出来：他将成为这些主人的主人，他自己也有一个主子，就是美帝国主义。所以，“自救会”成立后第一个决议就是：呼吁美国派兵在塘沽登陆，支持张荫梧这既反苏、反共又反腐败的国民党政府的人物。

张荫梧为了达到他的政治目的，在“自救会”下成立了若干组织，其中核心组织是敌后游击策动委员会，参加这个委员会的人都是些旧军官，张荫梧自任主任。这个委员会准备成立四个区队，每区队下设三个总队，总队下设大队、小队。张后又把“策动委员会”改编成适应实战需要的总指挥部，下设纵队，张荫梧自任总指挥。各纵队任命了司令、副司令、参谋长，他们自称已联络九万人。他们联络的主要对象是国民党的地方武装和辽沈战役中被击溃的部队。这些乌合之众，在平津外围战中，天天被围歼，逐渐化为散兵游勇，张荫梧的想法不过是纸上谈兵。不过四存中学内确实存有不少的枪支和军用电台。

1949年1月22日，张荫梧听到傅作义将军接受我党提出的和平解放北平的消息，即以书面通知各委员会称；因时局将变，策动委员会立即停止活动。1月25日，他以民众自救会名义在报上发表声明，“停止活动，立即解散”。

张荫梧是否改变了反共的阴谋呢？没有。

该如何对付张荫梧，我们进行了专门的研究，市公安局局长谭政文同志决定立即逮捕。如何逮捕，谁都知道他是国民党上将军官，是一知名人士，北平又是和平解放，不好公开缉拿他，他的特务面目，一般人又不了解，连像傅作义等人亦不清楚。如突然将张逮捕，会引起一般国民党上层人物的恐慌，搞不好还会使已同情倾向我们的国民党人士认为我言而无信。因为像张荫梧一类的高级军官，当时在北平还不少。经过反复讨论，我们决定采取“先礼后兵”的办法，先以市军管会主任叶剑英的名义，邀请地方知名人士共商维护市内治安秩序，秘密予以逮捕，同时对其特务据点的天主教堂以搜查武器为名，进行公开检查。然后，力求取得敌特电台武器等有力证据以及他们拟定的武装暴乱计划的有关文件和口供。君子坦荡荡，用事实证据说话，坦诚面对当时和平接管后的国民党上层人士的非议。执行结果证明，我们的做法是巧妙、灵活、有效的。

运筹帷幄之后，在2月中旬的一个晚饭后，我以军管会叶剑英主任的代表身份，身穿戴有军管会臂章的黄色棉军服，带一个警卫员韩顺宽同志，由我们市公安局二处的司机同志开车，前往张荫梧家中。警卫员随我进到屋内，张荫梧身穿长袍，头戴一顶圆帽，以绅士打扮很客气地接待我。我谦恭地介绍：我是军管会叶主任特派来邀请张先生赴会，共商市政治安大计！张即信以为真，面带喜悦表情，马上回答“遵命，遵命”。

为了消除其疑虑，我进一步向张表示：“我军入城不久，有赖各方人士大力合作，十分感谢，为了更好地搞好市政管理，维持全市治安，必须请有识之士，开诚布公，畅叙高见。久闻张先生治军多年，经验丰富，现正值我军入城之初，情况不熟，又无经验，叶主任特请张先生亲自去他办公室商议如何管理北平治安，请张先生以诚相待，共谋国是。”

张即表示：“先生过奖了，本人是一军人，对治理市政并无什么经验，只是久闻叶主任文武精通，治军治国，必有大计。本人愿尽犬马之力，愿为人民效劳。”

听了我的一番“美言”，他一时“幸福”得有些找不着北了。

我随即又向张表示：“叶主任想先听听张先生高见，不知今晚是否能同我一起去见叶主任，已备车在外面等候。”

“是不是有些晚了？”张面露狐疑。“您放心，叶主任在抗战时期就知道您了，去去就来，我就是来接您的。”我极其自然地回应道。于是张即穿好衣服，我与张一同走出来，一边“礼貌”地拉开车门，张见无异常，放松地坐进车中。警卫员小韩同我分别坐在张荫梧的两边。

行百里者半九十，没想到，坐上车，我才发现出大事了。原来，由于出发匆忙，事前未告诉司机同志，他根本不知道是来执行逮捕任务。

“怎么还不走？”张有些着急地侧转身子，好在警卫员小韩手快，对此早有准备，紧靠着车门，死抓着把手。已顾不得那么多了，“按原路返回”，我提高了分贝。驾驶员是个老同志，已经从脸色声调中看出了端倪，稳稳地朝草岚子方向驶去。

我紧张地观察张的表情，他开始已有所诧异，但见势不妙，也不敢多问什么。因为他知道军管会在东交民巷，而草岚子是原国民党军统特务机关办公所在地，当车驶过东交民巷时，他才发现为时已晚，无可奈何了。司机同志开足马力，直奔草岚子胡同20号。

到了门口，我说了声：“张先生，请下车。跟我走吧。”

小韩同志则紧跟在张的后面，以防万一。一进办公室，我即开门见山，单刀直入，开始了突审。“张先生，你心里很明白，我们请你来的目的是什么。请别再演戏了，我们知道你为什么留在北平，现在给你指条路，彻底坦白，不然将来会后悔莫及。”

我真未料到，曾经赫赫有名“标榜”顽抗到底的反共专家、上将先生，竟是一个软骨头、怕死鬼。他下车后就已六神无主，哆嗦得不知所措了，我这一“震慑”，他口齿不清地回答我：“别杀我，你们该怎么办就怎么办。”

这时我已派人去搜查天主教堂，底气又添了三分，又有意放出了语言炸弹：“我还告诉你，天主教堂我们已查封了，你不要再做梦了。”

这“定点轰炸”起到了良好效果，他低下头，支支吾吾地答道：

"我说！我说！"

宜将胜勇追穷寇。"那好，你跟我们打交道多年，明白我们的政策，听其言，观其行，把你的特务武装阴谋计划全部讲出来，先写出书面口供，看你有无诚意。你要识时务，明利害，何去何从，全看你的！"

话到一半，我突然戛然而止，不再继续审问，实质是让其主动交代，为了扩大战果，全线出击。

逮捕张后，我随即向谭政文同志作了详细汇报，他十分同意，马上派人到天主教堂搜出了机枪、步枪、手枪及子弹，还有电台等，而张亦向我交代了他所知道的国民党地下武装及其他潜伏计划。由于北平是和平解放，他的活动尚未造成对我的危害，因此没有立即处理，对其实行优待，令其将功赎罪，以后他被送到清河大队集训，后因病死在监牢。

从这一案件，我们认识到北平解放后并不"和平"，敌人埋下了不少"地雷"，排雷不比打仗，在同隐蔽战线的敌人作斗争时，不光有勇还得有谋，"谋不厌诈"，勇敢不是蛮干，没有妙算在先，将一事无成。

连着破了几起重案，我的大名在公安系统叫响了，领导要调我到公安部工作。老师谭政文当然不愿放高徒。可没办法，这是组织调动，我依依不舍地告别市公安局的同志们，奔赴新的工作岗位。

十七、秘密护送毛泽东首次赴苏

在公安部报到后，组织上派我到铁道部公安局担任政治保卫处长，由此我投入新的铁路保卫工作，开始组建各铁路局公安机构。1949 年 10 月 1 日，我亲眼目睹了新中国成立，当听到毛主席用他那熟悉的湖南口音宣布“中国人民站起来了”那一刻，我想到那些倒下的战友们，作为幸存者我是那么的幸运幸福。若他们泉下有知，当含笑。

为了推进世界人民的革命事业，为了庆祝中国人民解放事业忠实的朋友——斯大林七十大寿，表达对苏联人民的友谊，就在中华人民共和国刚刚成立两个月之后，我们伟大领袖毛主席代表中国共产党，代表中华人民共和国，代表全国人民于 1949 年 12 月初，乘坐中国人民的第一列专车到达苏联首都莫斯科进行访问。这不仅是中苏两国之间一件极其重要的政治大事，也是战后组成的以苏联为首的社会主义阵营的重大事件，同时也是世界人民瞩目的历史事件。总之，是世界上两个最大的共产党领导的国家领袖首次会晤，具有举足轻重的历史意义。这是关系战后世界人民利益的一件大事，是出乎敌人意料的一件“世界新闻”。因此，必须保证毛主席首次出国、首次访问、首次乘车的绝对安全，这是党中央和全国人民交给铁路职工的一项重要任务。这里要写的，就是我参与的保卫毛主席专列绝对安全的全部情况，现按照工作进程，根据个人追忆予以概述。

安全行车的准备工作

毛主席首次出国，安全是一个重大的问题，这件事是在周恩来总理亲自负责领导和具体指导下进行的。当时，我国大部分地区均已解放，但战争尚未结束。在美帝国主义的支持下，蒋介石退居西南一带，妄图实行南北割据。当时，云、川、康正在我军顺利进击中迅速解放，至于西藏、台湾等地尚受蒋介石及地方反动势力的统治。全国尚未进行镇反运动，毛主席乘车所经地区大多为新区，土改还未进行，沿线治安还不稳定。国民党潜伏武装特务尚未肃清，铁路全部接收过来，留用人员掌握业务大权，内部尚未清理。我们对农村以及大中城市保卫工作已有多年经验，但对交通运输保卫工作还缺乏经验，铁路公安保卫工作尚在建设之中。

总之，从敌我情况来看，我们必须高度警惕，严密组织，千方百计地确保安全，千万不可粗心大意，更不许有丝毫麻痹大意。因此，客观形势要求我们必须高度负责，要向党中央、全国人民打“保票”，保证万无一失。这是一件极其光荣而又极其艰巨的严肃的政治任务。当时，我得到党中央的信任，参加部署和具体执行这个重任，内心感到非常高兴！当11月底开始接受了这一光荣而又艰巨的特殊任务之后，我就全心全意夜以继日地投入紧张的准备工作中，兢兢业业，忠心耿耿，扎扎实实地开始了严密的运输组织工作。

“不打无准备之仗”，这是毛主席的一贯教导。为了保卫毛主席专列的绝对安全，1949年11月25日，铁道部滕代远部长根据周总理的明确而具体的指示，召集冯纪（铁道部公安局副局长）与我传达了总理指示，要求我们必须在一周之内完成全部准备工作，要绝对保密，绝对负责，绝对安全，全党动员，分段负责，党委挂帅，首长动手，严密警卫，内外结合，精心部署，及时检查，安全第一，防止万一。

根据滕部长的要求，我们没有召开专门会议，而是利用铁路高度集中统一调度的现代设备，主要开展了以下几项工作。第一，纯洁内部，对全线铁路职工实行大审查、大调整、大清理。根据有关规定，参加专列工作的一切人员必须是政治上绝对可靠的清一色的党、团员，不许留一个嫌疑犯或可疑分子；沿线各站值班人员，必须经过党委逐个审查，绝对可靠，从政治上做到绝对纯洁，要求各级党委干部亲自督战、参战，严守岗位，认真负责。

第二，整顿设备。要求事先对全路一切设备尤其是直接与列车运输有密切关联的车、机、工、电等，动员全体职工大检查、大维修、大保养，指定专人负责，严格交接班制度，使设备处于完整的良好状态，消灭一切可能发生的技术事故。

第三，专用列车的全面检修。北京铁路局负责逐辆彻底检查，并请解放军派工兵用雷达扫描检查有无易爆易燃物品，然后实行封闭，派军队警卫，不准任何人随便出入，凡上车人员，必须一律持"特许证"，经验证后方准上车，并派专人监督协助，最后由铁道部派人验收合格方准使用。

第四，铁路沿线及大小桥梁、隧道内外之警卫工作，由护路部队认真负责，并由地方驻军派出主力连队加强警卫，做到每一二华里有一武装步哨，实行岗哨联防，并派出巡逻部队沿线加强巡视，不准任何路外职工接近线路，不准在铁路两旁逗留，对行迹可疑人员，允许哨兵严加盘问，必要时扣留送上级审查。

第五，在行车编组方面采取特殊措施。根据军队行车经验，为防止敌特发现后采取中途破坏、制造事故，为了迷惑敌人，我们计划同时派出三组列车通过。三组列车先后顺序可随时调整，一般是前列为警卫专车，派一连武装押运，并专门安装无线军用电话与专车上指挥台随时联络；中间一列为专车；后面一列作为备用车当后卫用。如此三个专列同时通过，使敌人难以弄清专车位置，确保主席的绝对安全。

第六，在运输调度上，为预防一切事故，在专车通过前，停开一切客货列车，如在沿线可就近入站待避，专车开过之后再重新编组发放。

第七，在保密方面要求特别严格。沿线各站临时不准旅客进入站台，各地党政负责人员，一般不准上站送行，在首都出发时中央领导同志一律不上站送行，除滕代远部长和公安部杨奇清副部长、冯纪副局长和我以外，其他人均不知这是在为毛主席出国作准备，做到高度保密。

第八，在保卫工作上由公安部统一领导，统一指挥，铁路内部一律由铁道部公安局完全负责并随时向公安部请示报告。公安部杨奇清副部长随车负责指导。沿线公安武装由公安部负责统一指挥，沿途地方公安机关由公安部专门部署。铁路公安局对重大案件加强侦察工作，对任何危及行车安全的地下潜伏组织，坚决取缔；对重大特嫌分子，允许采取特殊措施，临时调离岗位外出或暂时离职，必要时可以拘留之；对一般嫌疑分子指定专人加强秘密监视，防止其破坏活动，但对一般职工不许随便乱捕，严格执行审批规定。

根据上述规定，明确分工，统一领导，由滕部长亲自挂帅，直接向北京铁路局、天津铁路局及东北铁路总局长余光生同志等具体部署，并由各地党委书记向各中央局、省市委第一把手亲自报告，统一部署，将执行情况向滕部长直接报告，由滕代远部长向中央、总理汇报，并听取指示。冯纪同志负责向公安部汇报并直接向东北铁路公安局长严佑民以及天津铁路局、北京铁路局公安处长具体布置。关于专车上的具体组织工作，则指定由我负责，并对全线侦察保卫工作统一布置。

根据滕代远部长的决定，11 月 26 日，我亲自到北京铁路局东郊停放专车的“大厂”逐个车厢检查并同工兵同志一起用雷达进行技术检查，然后派部队看守。这是新中国成立后的第一列高级专用列车，是接收国民党的高级列车加以全面改造，准备主席外出时乘用的。这列专车上有一节半圆形的瞭望车，挂在列车尾部，有一节会议室式的车厢，除了几辆一般软席卧车及高级餐车外，主席乘坐的车上，我们安装有专用浴室，可以随时在车上洗澡，这是原来没有的。根据主席生活习惯，我们取消了原来的软床，设了一个用中国藤席编织的有很好弹性而又平直的单人床，卧室外有一张既可办公又可当餐桌用的四方桌子和一套软沙发，地上铺红色地毯，车上温度可以自由调整，有专用火炉供暖。

开车后，当时外面已是严寒冬季，哈尔滨以北气温下降到零下 50 度，但整个列车上却温暖如春，人们感觉不到一点寒意，只穿毛衣呢子外衣即可。整个列车一共由 9 个车厢组成，加上餐车共 10 个，机车沿途换乘。检查车辆之后，我们对全车乘务人员逐个审查，并由铁路公安处和北京路局党委签字，报铁道部批准，主要人员我均进行个别谈话，并告以注意事项，强调这一政治任务的重要性，高度保密的必要性，以及认真负责的责任心，要发扬铁路工人的优良传统，保证中央首长专车的绝对安全；要求全体乘务人员认真讨论，发动群众共同制定行车纪律。经过两天热烈讨论，大家一致向党表决心，坚决完成任务，百分之百保证安全，人人斗志昂扬，热血沸腾，个个争取立功，处处事事发挥火车头作用，向全党向人民负责到底，并在出发前进行了几次预演，由部局专人检验。因此，早在出发之前两天，整个列车的准备工作已经全部完成，进入待命的线路上，保证命令一下，10 分钟内即可开进车站，到达始发线。

各地路局在各地中央局、省、市、县委同志的领导与支持下，迅速完成了各项准备工作。在铁路内部严格检查中，天津铁路局在杨村大桥下桥墩台上发现一包炸药，哈尔滨铁路局机务段在准备给主席专车换乘的机车火车头上发现了白俄籍职工放了一枚手榴弹，均及时拆除了。这一警报立即通知全线，引起大家思想上的高度警惕，千军万马开进铁路沿线，内外岗哨联防，许多地方县委书记、县长亲自护路护桥，一个极为周密的保卫专车安全通过的天罗地网，撒满全线，人人精神振奋，严守岗位。这样，在 11 月底整个准备工作全面完成。滕代远部长亲自向周总理作了详细的口头汇报，总理听取了报告后，认为安全已有保证，立即指示，进入出发前的准备工作。

1949 年 12 月 2 日下午，周总理命令，准备当晚 9 时由北京出发。我们立即开始了紧张的行车准备工作，我向滕部长、冯副局长报告工作后，下午 4 时许首先进入专用列车，传达出发命令，6 时许列车进入北京车站待命。滕代远部长在 7 时左右先到站，上车检查，认为很好。8 时许，周总理、公安部长罗瑞卿分别上车视察，认为满意，这样全部充分有效的准备工作宣告结束。大家兴奋异常地准备迎接这个光荣的政治任务——保卫毛主席首次乘车赴苏访问。

乘东风，战严寒，直达满洲里

1949年12月2日晚上8时30分，伟大领袖毛主席乘车直接进入北京车站站台，在第一股道上停放的专用列车车厢门前停车，主席身穿皮大衣头戴皮帽，健步走向专车，满面微笑地向守卫在车厢门口的同志频频致意，在周总理亲自陪同、滕部长导引下直登火车。

当时，门口两侧分别由公安部长罗瑞卿、副部长杨奇清、铁道部公安局副局长冯纪和我护卫，目的是使别人无法看见主席上车。当时车站上异常肃静，站台上无一闲人，所以主席上车时，列车上无一人发现，车站上无一人看见，又无任何其他中央同志上站送行，可见保密要求多么严格。毛主席上车后，周总理向主席当面报告专车随乘负责同志等有关情况后，请示主席还有何指示，主席说一切均已安排好了，没有什么其他事情了，周总理等即向毛主席告别，毛主席专车发动前，周总理已乘车离开。

9时整，主席专列在北京铁路局机务处处长亲自驾驶的“毛泽东号”机车牵引下徐徐启动，开出北京站，奔向天津，而他此时并不知这个列车就是伟大领袖毛主席乘坐的，其他乘务人员更无一人知道。当时随同毛主席出国的只有四人（政治秘书一人，警卫处长一人，俄文翻译一人，厨师一人），而中央派出护送人员也只有四人，即滕部长、杨副部长、冯纪副局长和我（北京铁路局只派列车服务人员，无其他干部添乘）。

这是毛主席第一次乘坐自己的火车，第一次出国访问，又是新中国成立以来的第一列专车，我很自然地比喻滕部长是第一列专车的首任“列车长”，杨副部长、冯副局长则是名符其实的首任正副专车警长，而我当时负责铁道部公安局政治保卫处工作，则是首任专车的警卫员。事实上，我们在护卫毛主席出国访苏的专车上所起的作用也正是如此。因此，在从北京出发直到终点站满洲里的几千公里的行车过程中，每当列车停车、入站、上煤上水或换乘机车时，我必下车警卫在主席车厢周围，同时监督列车人员之操作，并向沿线铁路公安机关负责同志及地方公安部门同志了解情况，询问沿途警卫情况，并与地方党政负责同志联络致意。

每当到达重要城市，杨副部长与冯副局长都下车亲自了解情况，布置工作。滕部长则直接对各地铁路内部负责人检查工作，下达命令，滕部长是中央委员，又是铁道部领导人，因此，他代表中央向省市负责同志一面了解情况，一面表示感谢。大家相见之时，内心都很兴奋，然而从无任何人向我们打听过车上情况，由此可见我党我军长期养成的遵守纪律、执行命令，服从指挥、统一领导的优良作风是何等的牢固，我时时从内心为之感动。

为了安全，主席专车放在中间，即第二列车，前面第一列车由一连中央警卫部队负责押运，装有电话，互相通话，部队派有负责干部带队，直接由我们联系，接受指挥，后面还有一列空车，由路局派人负责，每列之间，保持一定距离。所经各站除需上煤上水外，一律通过，不停车不候车，因此行车速度较快。但由于解放不久，线路质量不高，为保持平稳安全，时速不超过 80 公里。当我们离开首都奔驶在祖国大陆上有名的北宁线时，时时在伟大领袖毛主席的身边，时时可以见到他老人家那种孜孜不倦的学习，神采奕奕的神态，听到他与同志们谈话时爽朗清晰的笑语，我们心中多么欣慰啊！这是我们每个人一生中最幸福、最愉快、最紧张、最操心、最认真，为党、为国家、为人民、为革命，最引为自豪的一段终生难忘的战斗生活！

为了保密，事先让列车人员将主席车厢整理就绪，一切生活用品均安放好后，不听召唤，不必再去。至于主席生活上的照料，直接由主席的随从厨师协助，我可以随时出入照管。因此，列车发出之后，列车人员无法了解车上首长情况。当车快到天津时，即晚 10 点多，准备让主席休息，并告主席车上备有一切用具。主席看见专门备有洗脸毛巾、香皂、牙刷、牙膏等，立即叫我们把公家的东西好好收起，马上从自己带的小布袋内取出手巾、牙刷、牙膏、香皂，并说：“我自己有，不需公家另准备”。我们只好收起，内心里对主席无限敬仰之情油然而生，我们伟大领袖连这些生活小事都如此认真，公私分明，这正是对我们最好的教育啊！

列车经过天津、唐山等地，第二天早晨安全到达山海关，在这里上煤上水，换车头，停车时间较长。这时红日从东方升起，主席早已起床。主席打开车窗一看，已到山海关即“天下第一关”。我们告诉主席在山海关要停半个多小时，主席一听停车时间不短，就要下车看看有名的“天下第一关”是什么样儿。当时到站停车后，我与冯纪同志最先跳下车到列车附近巡视，站内检修人员正紧张地准备换乘，车站内尚有一些旅客集中在候车室内观望，我们根本没有想到主席会在这个车站下车散步，因此并无其他任何警卫部署。

当我在车前与站上公安段长了解情况时，忽然看到主席戴着皮帽披着皮外氅已经走下列车到了站台上，滕部长、杨副部长等马上走到主席跟前问主席冷不冷？不知主席有何打算，主席一见到天桥就说：“天下第一关，在什么地方？上天桥上看看。”边说边走，我们紧跟在后面，当主席那高大的身影忽然出现在天桥上时，顿时引起人们的无限欢乐！列车上的同志此时方知是我们最敬爱的伟大领袖毛主席出国去苏联，人们不约而同地无限喜悦地互相用微笑和打手势代替语言表示：“毛主席出国啊！我们给毛主席开火车啊！”

当时因山海关是关内外铁路分界口，全部机车换车，所以第一列警卫车也停在前面，战士一个个从窗口望见毛主席，真是无法形容他们的内心是多么地激动。只见不少战士高兴地跑上跑下向战友们互相报告这出人意料的特大喜讯——“毛主席乘火车出国了。我们保证毛主席一帆风顺，一路平安。”人们沉浸在无限欢乐的幸福之中。更使人感到惊喜的是，山海关车站的铁路工作人员和候车的旅客，人人笑容满面，这一美妙难得的场面，可惜事先毫无准备，没有拍照留念。我们当时一心只想安全保密，对主席首次出国，没有留下任何真实的摄影，但是当时车内外人们只看见主席乘车东行出关，去东北巡察，决不会想到出国啊！而且大家相互不约而同地为毛主席的安全而保密似的，没有任何人大声喧哗，没有一个人向外“宣传”“广播”，我当时想，我国人民对自己的伟大领袖如此热爱，如此敬重，真是心心相连啊！这只有人民的革命领袖才能赢得广大人民如此敬爱啊！

毛主席放眼远眺，他看见写有“天下第一关”大字的城楼时马上向滕、杨部长提出要到那里去看一看，这也是历史名胜古迹之一，能有机会路过此地，并亲自参观一下，确实很有趣。滕部长和杨副部长对此毫无准备，一听主席要去，不同意去又不好劝阻，同意去又怕出事，安全没有保证，交通工具也有困难，我已看出领导的难处。这时滕部长马上问我和冯纪有没有小汽车？

对当地情况，其他同志不了解，我对山海关还是比较熟悉的，早在抗战时，我就在临榆县做敌区联络工作；解放后因山海关桥梁工厂归铁道部直属，我正好在当年夏天 7 月左右专门到工厂检查工作，又曾乘工厂的小吉普车到“天下第一关”城楼上参观过。当时车站机务段等铁路单位均无小汽车，地方上县级机关解放初期也无小车，我想只有一辆小汽车无法让主席去。

为了领袖安全，我当时向主席和部长们说：“找不到小汽车”，而且由车站去城楼还有七八里之远，所以说没有车子去有困难。

于是，滕、杨一致向主席报告当地找不到小汽车，以后回来时再准备好了。主席一听，只好说：“那就算了！”同时又问：“听说还有一孟姜女墓也在此地？”

这时我因了解这一情况，马上报告主席：“没有坟墓，只是在城外三里多地有一段长城断毁了，传说那里就是孟姜女万里寻夫哭断长城的地方，现在根本没有什么坟墓保存下来。”

主席一听：“原来如此。”笑了一笑。这样主席就在天桥上面停留了十几分钟，观赏了周围自然风光，看到了南面渤海海面，然后步下天桥，登上列车休息，我们抓紧检查换乘情况，准备继续东进。

当时为了在关外行车安全，加强前卫警戒，杨副部长等要我上前列去，我刚要出发上车去，因事先没有通知前列和调度，结果按时发车，前列已经开出，无法命令停下，于是立即通过调度通知前站令其停车待我上车后才出发。我临时改乘轨道车，在铁轨上赶了四十华里才追上。一直押运到沈阳后，由东北铁路局长派人随前卫，因为他们比我更熟悉沿线情况，我又回到第二列车即主席专车一直到满洲里。

当我从山海关到沈阳这一区段与警卫连战士一起行车时，主席专车上发生的情况，当时不了解，而是从沈阳上车后，冯纪分别讲给我几件有趣的事情，我至今记忆犹新。他们告诉我，首先是列车人员亲眼看到了毛主席后，这个无声的动员令比任何用文字和语言表达出来的动员令不知强多少倍。同志们个个斗志昂扬，意气风发。天津铁路局机务处处长亲自驾车，他用最大的努力把车开得又稳又快，出山海关时大家还未感到列车启动，他已将火车慢慢地牵引出站，徐徐地开上线路，比前一段开得更加平稳，使坐在车上的同志感觉不出车在行驶。他认为生平最大的幸福是能为主席开车，为此发挥了他老英雄的本领，尽量把车子开得稳上加稳，让主席工作、休息不受一点震荡。

最使我感动的是主席利用行车时机，有计划地选调沿途党政负责同志上车，亲自作深入的调查研究，一谈就是半天。我印象中尚记得，他曾找绥中县委书记和锦州市负责同志，分别长谈四五个小时。据说那位县委书记很风趣地说："我在绥中县工作好几年所了解的情况，都叫主席拿走了。"那位市长同志谈后出来说："主席考的题目太多啦！"所以沿线许多同志又想见到毛主席又怕主席"考试"，怕答不完全。有的同志被问得满头大汗，因为主席问得很具体很深入，特别是具体数字和各种百分比，主席都要详细了解，使许多同志感到自己肚子里那点东西全被主席掏出来了，大家一致敬佩主席的这种善于调查研究的伟大精神，虽被考问，都很兴奋，备受鼓舞和鞭策。

沈阳停车期间，东北铁路局负责人曾登车探望主席，简谈十多分钟后即下车。此时鉴于主席沿线十分注意了解情况，滕部长首先面告沈阳铁路局局长黄锋立即作好准备，主席可能要你们当面汇报工作，并转告余光生、刘居英等同志预作准备。当沈阳上足煤水即将开车时，果然主席通知滕部长转告沈阳局局长开车后上车来到他车厢谈话。由于事先有所准备，加上铁路管理在接管期间积累了管理经验，当时各项工作已经走上轨道，各种统计经济核算工作，较有基础，所以对主席所要了解的各项工作、指标完成情况、职工生活状况等均能比较系统地回答出来。

主席听后比较满意，认为当时中长铁路在苏联专家帮助下，初步建立起一套比较完整的科学管理方法，并指示滕部长好好总结一下中长铁路的经验，可以在关内各地铁路上加以推广，因此，只谈了两个多小时，车快到长春市时，已经结束。当时沈阳局黄局长十分高兴地走出车厢到站下车，简要地向滕部长汇报了一下谈话情况，滕部长当即说："你们立即根据主席指示首先认真进行总结，党委先好好讨论一下，然后发动干部群众，大家动手把现有经验集中起来，加以整理后，报东北局及部里来。"

此时我又深深感到主席十分重视总结经验，对新鲜事物、先进经验及时抓住不放，善于发现典型指导工作，主席利用沿途行车时机，十分注意城市管理、企业经营、农村新区工作等新情况、新问题、新经验，他是在考虑新中国的国家经济建设、土地改革、城市管理等重大方针、政策。从各地同志谈话中，主席对解放初期人民生活、社会治安等也很关心。我们伟大领袖真是日夜操劳关心国家大事，全心全意地为全国人民精心考察，全面规划，时时刻刻把党和革命放在首位。工作第一、革命第一，这些不正是我们应该好好学习的光辉榜样和优良作风吗？伟大领袖是从人民的艰苦斗争生活实践中长期地吸取丰富的宝贵经验，集中人民的智慧，这是值得我们永远学习的革命精神。

列车驶过长春向北挺进，一派北国风光映入我们的眼帘。坐在平稳疾驰的温暖的车厢里，从宽敞明亮的大玻璃窗向外看，皑皑白雪覆盖着松嫩平原的大地。再向西北远处望去，茂密的森林像地毯似地铺在那雄伟的长白山上，这里才是真正东北原野的美丽风光啊！

列车经过了六天六夜连续不停的安全运行，于12月8日按时到达我国与苏联接壤的最后一个车站——内蒙古自治区的满洲里站。沿途通过五省（区）两市的广大地区，穿越千山万水，顺利地抵达终点。这个小城市人口不多，但政治情况比较复杂，散居有不少"白俄"，还有汉满蒙等民族聚居在一起，是从陆地与苏联相通的唯一出口处。火车站南面是属中长路的中国铁路，车站北面是与苏联铁路相连的俄国铁路轨道了。因为轨距不同，比中国大些，所以列车不能互通，必须换乘。

当列车快要进入车站时，滕部长、杨副部长首先向主席报告：满洲里马上就要到了，请主席就在车上休息，外面太冷，我们先与苏联专车负责人接头，办理交接后再报告。因此，列车一停，我们首先下车，看见苏联专车已到，正在站台待命。滕部长与苏联铁道总局负责人，杨副部长与苏联保卫局负责人，经过苏联自己带来的中国翻译，向滕、杨部长一一介绍情况后，即上苏方专车，一边交代情况，一边观察苏方车上情况，大概不到半小时，一切都已谈完。我也跟上去看了苏联专车设备与布置，然后先由车站组织好人力把主席所带的东西搬运到苏方专车上，一切准备工作就绪后，滕部长即报告主席，请准备下车，直接上苏方列车待发，我和冯纪副局长均在车站上值勤。

毛主席穿好皮大衣，然后与政治秘书、警卫处长、翻译及专门厨师同志一起走下车来，苏联专车车门正好对准，主席十分喜悦地微笑着走到我们面前，用他那热情有力的大手与我们亲切地握手告别。此时虽然是零下50度，但是一股暖流顿时传遍全身，我激动得几乎掉下幸福的泪来，我极力控制自己，跟随在主席、首长后面，一直送到苏联车旁，相距非常之近，主席登上列车，不肯走开，一直站在车门口，不断地挥手示意，让我们回去。

此时谁也不肯走开，我们四个人站成“一”字形，一致举手向毛主席致敬，劝他进去，主席依然不动，忽然听到机车一鸣汽笛，列车缓缓启动向北开出，我们把手一致举过头顶，主席在关了车门的玻璃里面，最后向我们挥手致意，才进了车厢。我们一直在原地目送着列车，直到望不到列车时，才高兴地往回走。

滕部长提出，咱们到车站里看看，于是我们一起走进了高大宽敞的车站大厅，观看了车站各种建筑设备，半小时后又上了车准备返回。完成了这一艰巨的光荣任务，我们马上又意识到迎接主席回来的任务，比这次困难多些，要早作准备。于是，稍休息后，当天下午我们即乘原车，轻车熟路，由满洲里直奔首都。此时沿途警卫已撤，到站无人迎送，只有各地路局负责同志在停车时上车向滕部长报告请示工作，滕部长告诉东北和关内各路局负责人，预作准备，保证主席回国旅途安全。

我们回到北京几天后，新华社公开发表了毛主席到达莫斯科的消息。

斯大林同志亲赴车站迎接，并在车站举行了热烈的欢迎仪式，斯大林同志致以热情的讲话，毛主席发表了诚挚亲切的答词。这一震动世界的新闻，使人民欢欣鼓舞，奔走相告。“毛主席到了莫斯科”，“斯大林亲自迎接”，这是多么激动人心的大好消息啊！

保卫毛主席访苏胜利归来

中苏友好同盟互助条约在莫斯科胜利签订。毛主席和周总理，同斯大林经过多次友好谈判，双方取得一致的基础上达成协议，并在莫斯科克里姆林宫举行了签字仪式，用法律形式把两个最大的社会主义国家的友谊固定下来了，这是新中国外交取得的重大成果。

当我们在 1950 年 2 月 11 日从广播中和报纸上得知这一振奋人心的大新闻时，是多么的激动啊！我和滕代远部长、冯纪副局长马上意识到谈判结束了，主席、总理即将动身回国了。一件更加艰巨光荣的政治任务立即摆在我们面前。滕部长指出：立刻做好准备工作，不必等候命令。为争取主动，不打无把握之仗，即动手早作安排。因此当中苏友好同盟条约一公布，我们就投入到迎接保卫毛主席和周总理安全回国的紧迫任务之中。已有了保卫专车的可贵经验，我们有信心完成这一重大任务，主要是采取更加严密、细致、深入的全面准备工作。

我们与公安部杨奇清副部长一起冷静地具体分析了当时各地的情况，明确指出有利条件与不利条件。首先最大的特点是全世界都已知道这一重大的行动，苏联肯定已举行公开盛大的欢送仪式并向全世界公开发布新闻，也就是国内外敌人早已等候的时机，事先已公诸于世，敌人可以从容部署，使我们防卫不易发现，特别是东北各地沿线治安较关内更加复杂，线路之长，确有防不胜防之感，稍有疏忽，就可能造成意外危险。

总的看来，我们也有有利条件，首先，我们在国内仍执行高度“保密”，不公开举行任何欢迎仪式。如此，又使敌人难以掌握行动的具体时间和区段，这一方面我们取得了主动，决定各地不举行欢迎仪式，一切仍严守秘密，这样敌人虽可计算在苏联境内行车时速，然因它是专车可快可慢，加上沿途可以停车参观、访问，敌人又难以预料，更难发现。同时沿线内外情况我们已经心中有数，比出国时更熟悉了，所以对那些要害部位和薄弱环节，可以主动地予以加强充实和及时调整，对地方联系也有基础，可以实行联防，统一行动，必要时可以实行局部地区临时戒严，实行军管。其次，关键还在于内部保证，纯洁可靠。工作中心是进一步清理铁路内部、纯洁要害部门，加强保卫工作，密切联系地方，互通情报，共同负责。再次，虽已有经验，但仍要有高度的革命警惕性，提高责任感，千万不可掉以轻心，不许有丝毫麻痹大意和疏忽，不可满足已有经验，而要时时刻刻严密关注新情况，发现新问题，采取新措施，始终保持清醒的头脑，不为一时一事顺利而迷惑自己。最后，为了保证绝对安全，加强专车保卫力量，仍开三列车同时出发。

根据上述研究，我们分别向各地公安机关护路部队、铁路部门下达了文字的和口头的具体要求，并要求各地及时将准备情况尽快上报公安部与铁道部，分别建立日夜轮流值班制度，加强上下内外相互之间的联系，并及时向中央和国务院反映执行情况。

正当我们积极准备之际，毛主席和周总理等于 2 月 16 日离开莫斯科，乘车回国，斯大林及苏共中央其他负责同志均到车站热烈欢送，并举行了欢送大会，斯大林致欢送词，毛主席发表了告别讲话。当我们知道主席已正式动身回国，估计要行车九天之久，而我们到满洲里最快要走六天，必须在前一天赶到。为此，我们于 2 月 18 日从北京出发。

党中央考虑到毛主席和周总理此次公开回国，任务加重，于是决定派中央政治局委员、政务院副总理李富春代表中央和我们一起到满洲里，并决定中共中央副主席、国家副主席朱德另乘专车到沈阳迎接毛主席和周总理。由于考虑主席沿途下车参观和休息，比出国时事情繁多，因此决定滕、杨二部长各带一秘书随车照料。中南海派警卫处长李树槐随朱德副主席赴沈阳。这样，由京出发的迎接人员增加为八人。车经哈尔滨时，东北铁路公安局局长严佑民向滕、杨二部长提出，东北公安部部长汪金祥让他添乘在关外区段，请示可否。滕、杨二部长马上答应可以，立即上车。严佑民十分高兴地和杨副部长住在一起，并带有照相机，准备给主席、总理拍几张照片留念。我们于 2 月 23 日提前赶到满洲里车站，停车待发。

1950 年 2 月 24 日下午，毛主席和周总理乘坐的苏方专车顺利抵达满洲里车站，当专车进站之前，我们已得到调度通知，列车正点到站。于是，李副总理带领大家排队守候在站台上，专车刚刚进站，毛主席和周总理从窗里看见我们，非常高兴，挥手招呼。

1950 年，护送周恩来访苏主要成员与周恩来（左五）合影

此时此刻，我们在站台上，高兴得真想跳起来啊！虽然车站上除了我们九个人外，并无其他欢迎代表，更未举行欢迎仪式，但是，这种发自内心的真挚感情，不讲任何形式的热诚欢迎，压倒了任何形式的热烈气氛。大家喜气洋洋，使劲鼓掌欢迎毛主席、周总理胜利归国。

大家似乎忘记了严寒，互相握手，欢乐之声笼罩了整个站台，车站上服务同志也无不为之感动！我们为了不让毛主席和周总理受寒，向李富春副总理建议请他让毛主席、周总理先上车内再谈，这样，在李副总理、滕部长的引导下，主席、总理顺序而行，缓缓地走上了我们自己的温暖如春的车厢，按事先排好的车位先后入座。

出乎我们意料的是，随车归来的除原出国人员外，又增加了几位我们不认识的同志，还是周总理向我们介绍：“原在苏联学习的肖华同志和孙维世同志，一起回国，你们另给他们分别安置一下车位。”当时还有秘密化名的越南领袖胡志明，至于同车归来的肖华与孙维世，与我们十分接近，互相交谈，我方知肖华是经过二万五千里长征的老红军，中央送他去苏联边治病，边学习，当时肖华很年轻，30多岁，南方人，非常热情，而那位女同志孙维世就是1938年赴苏学习的电影演员，归国后担任中国青年艺术学院院长。

毛主席、周总理归国时，斯大林赠送了贵重的礼品：有苏联新造的高级轿车两辆，分送给主席、总理专用。这种车可贵之处，就是车身装有防弹玻璃，并附有专用零件数箱，随车运回来。滕部长指令我负责全部装在后卫车上，并派警卫加以警戒，不准任何人上车去。我与车站负责同志联系好，从苏方专车转到我方专车上，后来回到北京检查，发现零件箱子被人撬开，一部分零件失窃。

为了破获零件被盗案，总理指示公安部与铁道部共同负责查获办理。为此，我和杨副部长及严佑民，于四五月间专门到满洲里车站，花了半个月时间终于发现系“白俄”员工所盗，交由东铁公安局处理。写到这里，顺便插进一段主席和群众心连心的动人故事，即满洲里铁路局公安科长刘某，原是主席的警卫员，后来转业到铁路公安部门工作，主席进入北京后，他很想念主席，于是给主席直接写了一封信，报告了自己几年来工作学习情况，并向主席问好，他并没想到主席会写信给他。不久主席亲自给他写了一封回信，这使他高兴得几天也睡不好，并把主席亲笔信好好保存起来作为纪念。我到他办公室时，他从抽屉取出原信给我看，大意是：“你的信我收到了。望你努力学习，好好为人民服务。”

我看了非常激动，毛主席在百忙中亲笔给一警卫员写信，领袖和人民如此血肉相连、鱼水深情，任何敌人妄想施展什么阴谋诡计，那只是白日做梦而已。所以，在满洲里车站发生的政治破坏事件在群众协助下很快弄清了。同样，当主席即将归国之际，2月下旬，长春郊外数里的铁路干线突然在夜间被扒开了数里之长，显然是敌特妄图造成列车颠覆事故，但是被我们地方公安机关及时发现，并将线路马上修好。所有这些情况，向我们又一次敲了警钟，因此，要求沿线军民密切注意严防破坏。

2月24日深夜，我们从满洲里车站出发。为了安全，有意迷惑敌人，头一列全是空车，压道试行，第二列车是警卫连乘坐的前卫作向导，主席专车则放在最后，我们与回国人员均在第三列车上。

列车经过大兴安岭，天气更为寒冷，到了海拉尔车站，正是在山岭上面，当时正值上午10点以后，万里无云，阳光普照，因为换车头，所以除了胡志明主席留在车里外，其余同志纷纷随主席、总理缓步走下列车，到站台上一边观赏祖国北部高原风光，一边呼吸着新鲜空气，大家三三两两地围绕在主席周围，格外亲切，边走边谈。此时，滕部长紧跟在主席身边，向主席介绍车站设备，当走在道岔边前，主席把右手从大衣内伸出用食指指着道岔问滕部长："这是什么东西？干什么用？"滕部长立即报告主席："这是道岔，专门用它来拨开铁轨，使列车不会撞头。扳道岔的叫扳道员，很吃力，力气小的扳不动。"

主席听了说："啊！这个玩艺还不简单呢！"

从苏联回国途中，毛泽东、周恩来等人在兴安岭海拉尔车站下车稍事休息。图为毛泽东（右一）在滕代远部长的陪同下，在站台散步

滕部长笑了笑说，铁路上这一套东西名堂不少呢！主席点点头微笑。此时，我与冯纪正在主席身后，他和滕部长的谈话，我们听得十分清楚，这一生动的场面，严佑民及时抓住了，他急忙用照相机把主席指问滕部长的动态，十分逼真地拍了下来。回来后，严佑民把这张照片专门放

大分送给滕部长、杨副部长，他自己家里也挂着一张，还送给我一张，我一直视为极为珍贵纪念之物，好好保存着。由于沿途行动保密，一般不许拍照，所以没有留下多少照片。我希望画家们，如能绘出一些重要场面以作为图画将来插入毛主席传记之中，特别是主席出国时登上山海关车站天桥远望万里长城“天下第一关”之景，主席出国在满洲里车站之情景，回国之景，以及在东北几个大城市参观时之景……用妙笔绘出，那该多好啊！

2月26日晚，毛主席、周总理到达哈尔滨车站，黑龙江省委书记欧阳钦、哈尔滨市市长饶斌及东北铁路总局余光生等负责同志都到站欢迎，并邀请毛主席、周总理下车休息。因为经过由莫斯科到满洲里，又到哈尔滨，长途旅行确实比较疲劳，于是，主席同意在此下车休息，我们分别住在两个最大的宾馆，大家可以洗洗澡，好好睡一觉。

2月27日上午，毛主席、周总理与省市负责同志谈话，并为黑龙江省人民政府亲笔题词：“不要沾染官僚主义作风。”勉励同志们永远保持战争期间艰苦奋斗的优良传统。下午，滕部长告诉我和严佑民，“毛主席要去参观铁路工厂，你们快去先准备一下”。由于是临时安排，时间仓促，十分紧张。于是，严佑民与我乘车直奔工厂，此时离下班只有半小时了，马上通知工厂负责同志不要离开，保卫科同志立即在周围加强警卫力量，并临时抽些党团员准备在工厂门口、车间门口迎接。刚刚部署完，我们正准备赶快回去报告，这时工厂下班铃声响了，工人从四面八方川流不息地向工厂大门走去，我们车子刚刚到门口，主席乘车已经到了。我记得总理好像没来参观，只见滕部长等陪着毛主席，车一直开到工厂内车间门前，这时大部分工人已走，不知是毛主席来厂参观。只有少数夜班工人和下班较晚走的一些老工人，一看见毛主席又惊又喜，毛主席很亲切地同工人握手、问好。

工厂领导人领路，毛主席在各主要车间参观，并向主席介绍这些设备性能作用。来到锻工车间正值夜班工人上班，主席与工人一一握手问候，工人同志真是喜出望外，十分高兴地向毛主席致敬。有的工人满手油污，不敢伸手，主席对此毫不介意，仍很热情地用力握着那些老工人的手，不断地说："同志们好！""祝你们好！"工人同志们激动地含着泪花双手伸向主席，"祝毛主席身体健康！""祝毛主席长寿！"大概参观了半个小时，主席向工厂负责同志作简短谈话后，由滕部长等陪同返回宾馆。这时我和严佑民才放下心头大石，不禁出了点冷汗，好在没有出什么问题，只是感到事先没有计划，安排不周，使主席未能很好地参观，因为有的车间已空无一人，因无夜班作业，只好如此。我记得是27日夜离开哈尔滨向长春行驶。

毛主席在苏联时，斯大林曾向主席建议回国时一定下车看看长春市容，据说日本天皇拟作新京首都，是以东方最好的城市规划建设的。所以，列车到达长春市车站停车，吉林省和长春市少数负责同志到车站迎接，并请主席、总理下车休息，看看日本时建造的银行和地质宫等，然后再动身。我们上午先到达，主席、总理下车后，先去省委。

此时，市警卫部队立即开始部署，午饭后参观市容，我和严佑民先乘一辆吉普车作前卫向导，前面还有大卡车，车上架有机枪作警卫车，市委为了安全起见，临时局部地段戒严。当我们车经市区街道时，非常肃静，很少看见行人，甚至连胡同小巷也无人出入。我们主要游览了长春街道，确是整齐宽敞，而且有些地方建筑，较为美观，主要建筑是所谓郊外八大处，即伪满洲国政府办公地区，占地面积很大，皆是近代化高楼大厦，大约用了一个小时参观结束了。

主席回到市府时，很风趣地问市委同志："长春市老百姓很少，人都哪里去了？"市委同志一时不好说明，只是应付几句，说可能是临时街上警卫岗哨多了一些。主席说："不要怕老百姓嘛。"主席对采取"戒严"有所

1950年，任远完成护送毛泽东主席访问苏联任务后留影

不满，认为这会脱离群众。当时我们一看卡车上架有机枪，觉得十分不妥，好在主席专车在后没有看到，否则一定会严肃批评这种做法的。

下午参观，不知何故，没让我们去，在家等候，听说专门看了一下有名的地质宫，内部集中了有关地质方面的机密。还有一日本人留下的银行，据说有特殊装置，主要是反光镜等，如你走进银行内，钻到何处盗窃都能从镜子里看得十分清楚，因此是防盗特别装置。中国各地，当时只有长春银行有此特别装置，是从日本国内运来的，国内不会制造，其他地方我就没听说。当晚即离开长春市，直抵沈阳市。

朱德副主席由京专程来沈阳迎接毛主席、周总理，东北局举行宴会热烈欢迎，并举办舞会庆祝胜利归来。列车抵达沈阳车站时，由专程赴沈阳的朱德副主席和东北局、辽宁省、沈阳市的负责同志均到站热烈迎接。主席、总理分别同东北局、省、市负责人谈了此次访苏经过和结果，对当前东北工作也作了重要指示。

为了欢迎主席、总理安全归国，东北局于第二日中午举办了隆重的“内部宴会”，当时出席人员限制极严，为保密起见，仅限于东北局、东北人民政府主要领导人，辽宁省、沈阳市主要负责干部，凡随主席、总理出国和归国人员全部参加。我们由李富春副总理为领队的全体迎接人员，包括东北铁路公安局局长严佑民及朱德副主席随车的中央工作人员一起被邀请出席。主席、总理、朱副主席、李副总理、东北局负责人等为首席，坐在大厅中央，滕部长、杨副部长、严佑民、冯纪及东北局几位部长和我们，紧挨着主席、总理的桌子，他们的谈话，我们都能听到。我们这样的工作人员，能坐在伟大领袖毛主席桌旁会餐，这是我内心终生欣慰和难忘之事。

宴会上畅饮欢叙，大约一小时之久。宴会在热烈的气氛中进行，人们的思潮滚滚，从每个人的表情上可以观察出此刻大家都沉浸在最幸福、最愉快的气氛中。人们的目光不时投向主席、总理，谁都想借此机会多看看我们最敬爱的领袖的一举一动。

晚间，在东北局的机关礼堂里又举行了小型舞会，主席、总理、朱副主席、李副总理等参加。大家高兴地同毛主席、周总理等中央首长同舞，这是难得的幸福啊！

列车经过山海关，正值深夜，因此对毛主席下车参观一事，既无专门安排，也不担心了。快到天津时，市公安局长许建国赶到塘沽车站上车，到了天津车站，天津铁路局长郭洪涛已安排好换乘。毛主席同总理等从莫斯科动身，经过半个多月的列车生活，3 月 3 日夜安全地回到首都前门车站。

为了保密，中央没有派人上站欢迎，按照事先通知，早已把各位首长的专车依次排列在车站上，所以列车进入第一股道，火车司机缓缓地把列车开到指定位置上，主席、总理下车后，即乘车离站。胡志明主席另有专人陪上车开出。李副总理乘车后，滕部长、杨副部长安排我们把主席、总理的专用轿车装车运走。随后，我和冯纪上车，向全体列车服务人员和警卫部队致谢，庆祝同志们出色地完成了一项光荣而伟大的政治任务。

这是全国解放后，新中国成立之初，对我们党保卫工作、铁路工作的一次最好的考验，是一次严肃的首场考验！在全党动员，全军保卫，全民护路，团结一致，共同努力下，我们向党中央毛主席兴奋地报告：考试合格，首战告捷。

结　　语

回顾主席首次出国一路平安，这绝非偶然，首先是党中央和周总理挂帅，周密部署，精心指导，铁道部、公安部首长亲自动手，各地党政军民高度负责，团结战斗，一致努力下所取得的。采取了群众路线与专门机关相结合，内外结合，军民结合的行之有效的方法，千军万马，军民一条心，千方百计，千辛万苦，夜以继日，百倍努力，战胜严寒，严格保密等有效措施，才能顺利地保证了毛主席首次访苏的任务胜利完成。我能够得到党的极大信任，参加这一工作，终生引以为荣。

十八、我用历史证明了自己的忠诚

成熟的人为信仰坚强地活着。应该说，自新中国成立后，我比常人经受了更多的熬炼。为何这样讲，1952—1962 年不间断的审查鉴定汇报，几乎占据了我所有的业余时间。不断地反复重来，这个时期的历史问题审查鉴定与前八年对我历史决定有很大的出入，存在明显的错误，使我遭遇了难以想象的不公正，每回眸往事，仍历历在目。

党籍是共产党员的生命。其间甚至发生了在无任何确切的证据和充足的理由的情况下，审查人员就判定我是“自首叛变”，竟做出了“清除出党”的结论。

当滕代远部长向我宣布机关党委对我历史问题审查的决定，并就此决定征求我的意见时，我强忍悲痛逐字逐句看了这份决定，实在无法抑制住内心的委屈，即使在监狱里也未掉过一滴眼泪的我泣不成声。我向滕部长哭诉：“凭什么做出了这样的决定？做出这样结论的根据是什么？如果叛变，我还会回来吗？组织上成功营救我后，经过一年多的调查审理，以正式报告的形式向中央局提出给我恢复党籍。十年过去了，我的工作表现党是了解的。我郑重向部长、部党组提出不同意这一错误决定。我如是叛徒，愿接受一切处理。请组织重新审查。”滕部长耐心听完我的意见后和其他领导宽慰我，表示将重新调查我的具体情况。我知道，历史问题解决不是一朝一夕的事情，时间越长越难处理。在他人眼里，我的问题是复杂的。好在自己的历史是自己写的，谁也无法篡改。相信自己、相信组织。

“坏”事传千里，我被开除党籍的消息很快就传开了。可不少关心我的同志，打电话或亲自到我家中询问安慰，使我深深感受到同志之间的温暖，融化了心中的冰块。特别是住在同一大院内的同志，下班后都专门到我家中聊天。妻子也不断开导我，那段时间我得到了战友、亲人的真诚关怀，我没有自暴自弃，积极等待党委重新审定。另一方面，我一刻也没放松向上级部门的申述，仍然主动地向老领导许建国、李运昌、张国坚、钟子云等负责同志反映情况，恳请他们为我的问题向组织反映，以便合理解决。

等待是漫长的，在那个年代，政治生命几乎决定人的一生。我整夜辗转反侧，情感认知行为也不断下降。到1954年，由于长期的心情抑郁、对组织处理结果的焦虑情绪，我患了神经官能症。久忧成病啊。我只能遵照医生的安排边服药边锻炼，争取病情早日好转。其实我知道，去除心病的药方只有一个：对我做出公正合理的结论。

在党组织和有关领导同志的热情帮助下，1955年5月机关党委终于做出了新的决定，撤销了“清除出党”的决定，保留恢复党籍的结论，但仍认为我“犯有政治动摇性的严重错误”。这样的认定明显缺乏事实根据，还未来得及申辩，当时的负责人就将我调出公安部门，分配到铁路工厂设计事务所。

说心里话，离开自己多年的老本行很不情愿，甚至心里带着一股情绪，很是纠结。可不管怎么说，革命看行动，走到哪里，行胜于言。我没有辩解，服从了组织决定。

1956年，在党中央提出的“向科学进军，变外行为内行”的号召鼓舞下，我和全所的同志们一起努力，在完成工作之余，开展了方式多样的学习活动，大大提高了业务能力。无欲则刚，干一行爱一行，我的表现让所里的同志钦佩，大家都没想到一个带着问题的同志能够这么豁达地面对生活。

1959年，铁道部党委对我再次进行了考验，下放劳动一年。春节刚过便下放到北京二七机车车辆工厂。这个厂坐落在长辛店，是历史上有名的大厂，具有悠久的革命传统。看着这些朝气蓬勃的工人们，已经习惯了从基层做起的我当天就换上工厂规定的劳动服，直接到机车组装车间铆工班参加体力劳动。将军下连当战士，领导下厂当工人，我是一个兵，来自老百姓，没什么了不起的。从小事做起，从基层做起，亲力亲为，是非经过不知难。第一天，我还不习惯跟老师傅一样抡大锤，十分吃力、从未干过，拼命坚持一天后到晚上浑身疼痛，好像散了架似的，手脚一动就疼，第二天依旧如此，到第三天晚上才稍微好一点。这时我才体会到劳动人民的辛苦，真是“劳动万岁”。

1959 年 9 月，长辛店机车车辆工厂成立机车分厂，图为技术室全体同志合影。二排左四为任远

历经一周的时间我就有些习惯了，干完三个月，彻底适应了工厂生活，不怕苦、不怕累、肯吃苦，没什么干不了的。“人家工人老师傅年纪比我大，都能坚持，我还比他们年轻，我怕什么。”从群众中来，到群众中去，我很快就和大伙打成一片，成了工厂的一颗质量合格的“螺丝钉”。大家非要让我给工厂几万名员工讲讲课，我推辞了几次，盛情难却，我先试讲了几次，发现自己理论和实际有些脱节，得用工人爱听的词汇才行。群众的智慧是无穷的，我虚心请教身边的工友，一起讨论修改，授课结束后反响很大，好评如潮，作为典型上报北京市委。读万卷书，行万里路，历万件事，麻雀虽小五脏俱全，基层一天，机关一年，劳动胜读十年书。实践出真知，一切工作必须从基层做起，能上能下，没有调查就没有发言权，理论缺少实践的支撑是老虎吃天——无从下口。

北京市委书记刘仁同志知道我的情况后，专门到二七工厂视察工作，亲切接见了我。刘仁同志也是隐蔽战线出身，对我十分关心，劝我调到北京市工作。“谢谢首长关心，一切听从组织安排。”

群众的眼睛是雪亮的，组织也没有忘记我。1961 年，在结束党校学习之后，铁道部布克副部长找我谈话，说明我的历史审查已告结束。与此同时，二机部部长宋任穷又正式向中组部指名调我到二机部工作。中组部工作人员征求我本人的意见，我表示自己对公安保卫工作比较熟悉，工作由组织上决定，服从组织的安排。像做梦一般，我又回到了自己熟悉的老本行，奉命调入二机部做保卫工作。离开铁道部前，武竞天副部长代表部党组找我谈话，向我说明关于我历史问题审查的相关情况，表示 1957 年 3 月我所提出的意见是正确的、合理的，但此后因调动工作来不及重新修改，“中央调你到二机部工作，说明组织上对你的信任，你的历史问题经过 10 年的审查已经清楚，你在铁道部工作是认真的积极负责而有成绩的，希望你放下包袱，更好地为党工作”。

1960 年 1 月 26 日，任远（二排右五）离开北京长辛店机车车辆工厂时，与干部职工合影

听到这迟来的暖语，我心里泛起阵阵热流。“谢谢党组织，谢谢同志们，我一定会在新的岗位上努力工作。”宣布调令的当天，我就收拾好行装搬进了二机部的宿舍。

十九、肩负“两弹一艇”的光荣使命

我是革命的一块砖。这十年我数次调换工作岗位，每一次调动既是组织对我的考察，更是对自己工作能力的检验。到二机部工作是我最后一次调动。从调入到退休，连我都没想到，自己竟然转了行，没能再从事安全保卫工作。相反，我这个“贫下中农”在二机部这个知识大熔炉里锻造成了半个专家，成了名符其实的“科技人”。

自新中国成立伊始，我国为了方便和保密，对各个科技部委机构和部队使用数字代号管理。如机器工业部代号为一机部，核工业部代号为二机部。二机部是负责我国国防尖端事业的重要机构，为我国原子弹试验研究成功作出了重大贡献。

我在二机部八局工作三年，主要任务是为完成“两弹一艇”这一国防尖端工程，实行了紧张而繁重的调干任务。当时中央已决定为实现两年规划“抓紧完成、以人为本”的调干工作，部党组为此成立了调干办公室，由部长助理、部党组成员、二机部八局局长张献金同志任主任，郑林和我担任副主任，抽调各局负责同志担任调干组长。

当时，二机部九局李觉局长向部党组提出，为完成第一颗原子弹按时成功爆炸，必须在春节前抽调 105 名技术专家，否则难以完成。这一任务十分紧迫、十分重要，如调不到这批专家，计划就很难实现。为此，我们按照九局提出的名单，分别向中央各部大力协同，按名单照调，没有名单的就按所提条件由各部党委负责选调，经我部核准调入。我们还组织了几个调干组，并出版了“调干简报”，将每次完成情况及时向中组部及部党组报告。

我记得很清楚，当时最大的困难就是要选调两名爆炸化学专业的专家。中组部查遍了各大学都无此专业，难以调到，要我派人向中组部说明如何抽调。我与李觉同志商定，由九局理论部主任邓稼先同志亲自参加调干，由我带着邓稼先同志到中组部一处汇报。一处处长李立安（后任中组部副部长、黑龙江省委书记）听取我们的汇报，首先请邓稼先同志向组织上说明这一专家要做的工作，要适当地选择。

邓稼先同志详述了半个多小时，李立安处长还是很难选调，我听后，补充说：“可以理解为既学过化学又懂爆炸原理的专家，才能胜任此项工作。”邓稼先马上表示：“就是这意思。”

这样，李立安处长提议从教育部和各大学中选调，后来很快完成了这一艰难任务。从此，我对邓稼先同志有了较深的印象，他是留美博士，年轻有为，是一位有理论有经验的难得的专家。“文化大革命”后，他被提任为九院院长，完成了我国核武器试验中的重任，不幸后患癌症去世。邓稼先同志是我国最有权威的原子能专家，也成为了核武器的权威，国家授予了这批科学家“两弹一星”的功臣。如果没有他们，我们就不可能发展核工业，正如同志们所说：“没有精神原子弹，就不可能有物质原子弹”，真所谓“科学万岁、科学家万岁”。我为从全国各地选调了大批专家，从事我国“两弹一艇”的伟大工程而欣慰。同时，我也为能与钱三强、王淦昌、姜圣阶、朱光亚等技术权威专家共同工作过而深感自豪。

从 1962 年下半年调入二机部直到经过“文化大革命”十多年间，我投入到为我国“两弹一艇”（原子弹、氢弹、核潜艇）艰巨的国防尖端事业当中，不敢有一丝松懈。“平时多流汗、战时少流血”，这话同样适用于科学实验。为了保证第一颗原子弹成功爆炸，1964 年 6 月，周总理指示由中组部和二机部党组立即组成联合检查组。部党组决定由我担任组长，联合检查组重点是检查调入的技术干部使用是否合理、有无不当，技术设计方案是否周密可靠、有无漏洞问题等。

听到这项任命后，我脑子都大了，开玩笑吧，这不是赶鸭子上架吗？“我这“文化”糊弄大老粗还行，在专家面前完全不行。”

军令如山，我拿出当年考学的那股冲劲，在三个月的时间里，边学习边听汇报检查，不耻下问。一路走、一路学，四处拜师。我的导师可都是些院士：朱光亚、邓稼先等大科学家都先后收下了我这个学生，最后连他们自己都不好意思了。“任局长，你究竟是作为上级听汇报还是来我们这儿上班呢？感觉咱们位置不对劲啊。”听了这话，大家都忍俊不禁。

“三人行，必有我师。为了同一个目标，相互学习、共同进步嘛。”我打着哈哈，这才端起领导的架子。

1980 年，任远（前排左二）与核二院党委副书记王柳新（二排左一）、副院长王仲富（前排左一）在听取专家讲课

经过三个多月的周密调查，我们向李觉局长、朱光亚副局长了解相关情况，详细听取了相关单位的介绍；然后又找理论部主任邓稼先同志，以及设计部、实验部等直属部门，认真听取了具体报告，直接与科研设计骨干共同讨论研究，到重要实验室查看。

调查最终得出结论，认为对调入技术骨干的使用基本合理，做到了人尽其才，至于将个别同志调任其他岗位、改行，是工作需要，并无不妥。关于原子弹爆炸的技术方案，经检查组的反复验证，尚未发现重大问题，以往存在的个别误差均已及时调整，因此基本可行，可保证一次成功。据此，由我执笔，向部党组及中组部递交了一份专题报告。

“任远、你敢保证调查准确无误？错了可不单是丢二机部的脸，是丢中国的脸。你有几个脑袋都不够砍的。”刘西尧副部长，这位武汉大学毕业的才子将军审阅后盯着我。“我用党性担保报告实事求是。”我平静理性地回答。“好，上报中央和周总理。”

后来才知道，这份报告给原子弹爆炸“一次成功”提供了重要保障。为了表彰所作出的成绩，刘杰部长特别批准我们组全体同志参观了当时尚在北京的第一颗原子弹实体。

当我正在努力完成全国每年选调八九千名大学生进入二机部时，刘西尧副部长让我在 1964 年 12 月到部十三局（设计局）报到，尽快组建部属第二研究设计院，并指定我担任院长。该院由二机部十三局大部分人员，并抽调部属一九四所（核反应堆研究机构）及六机部七院十五所（核潜艇）合组而成。

这样一来，二机部八局的工作尚未结束，我就提前到部十三局组建起了二院，刘杰部长对此非常重视，他亲自为二院建制并设计好蓝图，要我抓紧组建。此时，中央专委周总理决定将第一艘核潜艇的建设任务交由二机部负责，部党组决定将核反应堆工程统一研制（包括核潜艇和核动力）。这一变动，就必须改组原有机构。于是，我从 1965 年初开始调到核二院从事科研设计工作，担任院长职务。我以最大勇气尽最大努力，积极从事核二院的工作。

为首先建成我国第一个原子反应堆，由核二院一部负责努力抓紧解决未完成的技术难题，力争 1965 年内建成投产。同时，我以大部分精力抓好二部（十五所）的工作，首先健全组织配好领导班子。由于十五所技术力量不足难以完成任务，决定由部内、院内先抽调 200 名技术干部充实科研设计力量，并将一部副主任赵仁恺同志调任二部副主任，协助二部副主任彭仕禄同志抓好总设计所的工作，并提任十五所所长周圣洋同志担任核二院副院长兼二部主任。

为了完成第一艘核潜艇的艰巨任务，我决定在四川省内选择核潜艇的研制基地。1965 年中，我同副院长叶德灿同志一起前往三线（西南），经过三个月的考察，厂址被选定在四川省的乐山地区，对外代号“909”基地，取名二机部二院水电研究所。先抓基地建设，我先派核二院副院长张忻负责，前往开展筹建工作。

1985年，任远（左二）与彭士禄（右二）等合影

二机部党组十分重视核潜艇研制工作，刘杰部长、刘西尧副部长亲自抓核二院的工作进度，首先抓核潜艇的设计方案，由刘西尧副部长、钱三强副部长直接听取二院组织的方案论证会，由二院十五所与清华大学在二机部举办论证会，进行了充分的论证。为了安全起见，先确定以二院十五所的原定方案为主，按原定计划进行。要求对核潜艇的设计工作要日以继夜，不受“文化大革命”的影响，不准在工作时间进行批斗。1965年4月，我们举行了设备定点制造会议，全国400家一机部的厂家参加，由二院十五所派人进行技术监督。

我在“文化大革命”期间对核潜艇的研制工作抓得很紧，进展也很快。为了提前完成任务，我建议可以提前一年完成，经刘杰部长和六机部方强部长同意并联名上报中央专委备案。周总理原则上表示同意：提前完成很好，如有意外不能提前完成，按原定计划完成也可以。“文化大革命”中，我还未被隔离审查时，一切工作均能按计划紧张地进行。1968年我被隔离审查后，十五所就提前建立了机构，并脱离二院，成为了一院，当时我均不知。

二十、“文化大革命”中的严峻考验

“文化大革命”对我这样“有问题”的人来说，苦闷如堰塞湖高悬头顶，倾泻烦恼的疏流口堵塞，稍不慎就会崩塌，只可依靠意志的加固。加上“文化大革命”前的十年考察，我的人生路有二十年都是伴着检讨度过的。好在大难有大幸，真想不到在这场史无前例的政治灾难中，居然使我的这一悬而未决的政治问题，得到了大收获、大解放、大收益。一直缠绕着我的历史难题，得到了彻底查清，解决了长期无法查明的疑点，从而使我的历史问题获得了圆满的结论。这让我不由忆起“上帝在为你关上一扇门的同时，会给你打开一扇窗”这一俗语。

相比“文化大革命”前的检查，虽然也费尽周折，但每次都能苦尽甘来，获得通过。这次就不同了，除了毛主席，从上到下，上至国家主席刘少奇、下至田间农夫都有可能出问题。“文化大革命就是好”的歌声传遍各地，现实中大串联、武斗把国家折腾得乌烟瘴气。我所在的二机部科研多、责任重，按理说应该特殊对待，可也成了重灾区，大批知识分子挨整。我这个“问题分子”更是被视作是国际间谍，一连被戴上好几顶帽子，早早地被看管起来，责令老实交代。接下来就是斗争升温，二十四小时的车轮战、大会小会轮番纠斗，我翻来覆去地检讨，有时念着念着竟然睡着了，被造反派一顿“教训”。

1967 年 1 月，二机部造反派在国家体委北京体育馆举行了万人大会，当场把部领导轰下台，刘杰部长被批判，其他部领导也陪斗。正在此时，突然有人大声喊：“刘杰包庇叛党分子任远。”我立即被造反派押了上来，还给戴上了一顶“大叛徒”的帽子，开始对我进行批判，批判结束后还被游街示众。游街回到单位，造反派又临时在大楼前举行了数百人参加的批斗大会。当晚造反派到我家中抄家，抄走了我的日记、笔记等宝贵材料，从此，我成为批斗管制重点对象。

霎时，核二院和铁道部的造反派联合起来批斗我，到处贴满了所谓揭发批判我的大字报，还在楼内专门张贴了几十张批判我的漫画。最大的轻蔑是无言。对于这些污蔑与攻击之言，虽然心里的那股怒浪早就烧过了一百度，我仍强忍着不置一词、毫不理会。

任远与原二机部部长刘杰（左）合影。“文化大革命”期间，刘杰与任远同被批斗，因任远曾化名“刘杰”，当时造反派叫嚣“大刘杰包庇小刘杰”

鉴于我不“老实”的态度，造反派又专门为我举行了一场批斗大会，采取坐“喷气式飞机”的武斗方式，“任远不投降、就叫他灭亡”响彻全场。几个红卫兵把我押上台，戴上“叛徒”牌子，刘杰部长也被押来陪斗，刘部长当时被迫戴着一块30斤重的铁牌站在台上，连我有病的家人也站一旁陪斗，在几千人参加的大礼堂整整斗了我一下午。那时，我跟他们玉石俱焚的心都有了。

批斗结束当晚，我拖着受伤的躯体，在连抬手都困难的情况下，忍痛给当时的“文化大革命”顾问康生写了报告，期冀能早日“解决问题”。结果，问题没“解决”，倒把自己差点儿给解决了，成了真正的笼中鸟。我开始失去自由，处于隔离管制状态，被押送到由北京卫戍区负责管押的北郊交通部干校内。

这个所谓的干校给每个监管对象提供了一间单独屋子，完全是隔离监管，窗户用报纸密封、铁条将门窗捆住。我们一律以房号为名，不许相互见面，更不许叫名字。我在公安部工作时曾到过秦城监狱提审犯人，到这儿后，发现这几乎跟秦城监狱结构和管理方式差不了多少，我称为秦城分号。当时听说楼上住了些重要人物，以后才知道当时被监管在此处的有薄一波、刘澜涛、安子文、杨尚昆等。据悉，这里还单独囚禁了200多名省部级负责干部。被监管人员的生活由战士负责，但均不知被关人员的名字、职务，伙食同战士生活一样，不许家属探视，对外保密。命运捉弄人啊，第一次是蹲敌人的监狱，第二次是蹲自己人监狱，身份正好被掉了个。在这，我又打了个八年“抗战”。

“文化大革命”风越刮越烈，不断听到有熟悉的领导战友被批斗致死的消息。久经考验，使我善于辩证思考问题。反过来想，当时对我虽进行隔离审查，倒成了一种很好的保护措施，这可以免遭造反派武斗致死的危险，对解决我的历史问题反而是比较有利的。因此，在被隔离初期，我的压力与担忧减轻了些，事事争取主动，希望尽快将历史问题弄清楚。不过事态的发展逐步失控，我伴随着历史问题在“文化大革命”的浪潮中浮沉。

我一次次递交申诉材料，焦急等待着组织的回音。可我哪里知道，外面早就乱了套，像我这样的“叛徒”早就被定了性，没实行无产阶级专政就很幸运了。

在专案组面前，我违心地做着检查，希望能早日过关。可每次都被驳回，不断用所谓的“中央精神”教育我，甚至说出了“你叛变的事实不可能翻身了，如果问题还不交待清楚，你的三个孩子也没有资格下放农村参加劳动”等强迫话语。

听到这些话，我一下子就蒙了，开始怀疑自己耳朵，怀疑他们所讲内容的真实性，我不敢相信。由于他们是代表中央的，讲话一定有点根据，绝不是他们自己信口开河，在那种情况下又不得不相信。当时真有天要塌下来的感觉，一时六神无主，原有的信念都发生动摇，天下还有没有真理？我的历史问题难道就会如他们所说来处理吗？那以前组织上所作出的历次审查结论作何解释？难道我终身将被认定为“叛徒”吗？我实在不敢再想下去了，虽尽力告诉自己这不是真的，他们的话不会成为现实，但思想上无比茫然，精神上压力空前巨大。我的问题由我自己负责，一切后果由我一人承担，天大的罪过由我顶着，绝不能株连家人、子女，也不能影响他们的前程。经过痛苦的思虑后，我决定采取权宜之计，以保护亲人及子女，我暂违心地承认一切，但绝不讲毫无根据的事实。这样既可以暂时取得信任，换取子女及家人应享有的权利；同时如能争取到一些自由，还可辩解申诉。

在经过激烈而又矛盾的思想斗争后，我开始向专案组牵强地表示，如果你们讲的这些真是中央的精神，能代表组织的话，我可以认真地考虑我的全部问题，决不隐瞒、不抱任何幻想，愿向组织彻底交待自己的问题，并要求给一些时间，以供我好好想想，全部坦白。“我们欢迎你这个态度，给你两周时间，可以吗？”专案组的工作人员满意地说。“可以，我抓紧写出书面报告交你们审查。”这样，在高压政策的威逼下，我含泪写了数万字的所谓“认罪书”、几十页的悔过材料。

我首先给自己戴上了“叛徒”的帽子，按照中央“文化大革命”的精神，遵照江青的讲话意思，为了不玷污共产党的光荣称号，我主动请求组织开除党籍。而且，为了不影响子女们的前途，我主动要求与他们脱离父子父女关系，并表示我的家属亲人可以同我在政治上划清界限，生活上让其选择。为了换取宽大处理，自己还违心地说“假供骗敌是典型的个人主义，怕死鬼，丧失了共产党人的气节”等话。

总之，一切自我污辱的罪名都往自己头上扣，但我自己心里十分清楚，没有具体事实、真切的证据、可靠的事例，光有空洞的罪名、大帽子，是无法定案治罪的。虽然我为家人的相关权益作了委曲求全的举措，但我仍坚信：铁的事实胜于一切。这份“认罪书”通篇都是自欺欺人的言语，但每写下一个违心的字，都像是给心头插上一把刀，当这份材料写完，好像将自己糟蹋了个遍，痛苦地背叛了自己。

当我将写好的“认罪书”交给专案组后，他们就很少再来审问了。估计他们一定是在组织外调核查，找不到我的真正“罪证”，也就无法对我进行定罪。我在被隔离监管当中，无法与外界接触，监管人员为防止我自杀逃跑，所住的房间一天24小时电灯不许灭。我仿佛生活在真空当中，完全从这个社会中消失，当时不许外出、不放风、不检查身体，致使见不到阳光、呼吸不到新鲜的空气。

九一三事件前，我带的治疗头痛的安眠药，也给收了回去不让吃，由此失眠、头痛的症状进一步增强了。经过要求，监管人员只允许看《人民日报》，不让家属探视，想看书也没有办法，后来向办公室同志提出要求，才设法向家中要了些书看。

囚禁生活很孤寂无聊，时间过得很慢，什么消息也听不到，更谈不上听新闻广播了，让人有度日如年之感。真是身处世外，与世隔绝，思想上十分烦恼苦闷，在无边的苦海中经受焦虑与急躁的煎熬。每天将报纸翻来覆去地重读，后来允许看《毛泽东选集》中的老三篇、语录等，稍微好一些。监禁期间，很少提审，卫兵对我们的态度尚好，但对有的同志如我隔壁的67号（山西省副省长赵柏平）却非常粗暴。赵柏平同志常大声叫喊、咒骂不停，说监管的人员封锁了毛主席的声音，完全是法西斯行径，因此遭到了卫兵的毒打。那声音我们都能听到，连牙齿也被打掉了好几颗，如今想来不寒而栗，又发人深思啊。

九一三事件后，看管才略有松动，允许和家属会面，我的视力算是稍微恢复，摆脱了睁眼瞎的困局。直到此时，我才得知三个子女还是受到了我的牵连，被划入黑五类，丧失了下放劳动的权利。我的大儿子和小女儿为了证明“忠诚”，奔赴内蒙中苏边境插队，三九天，塞外天寒地冻，差点连件御寒的大衣都轮不到。我的大女儿独自到山西插队、当赤脚医生，虽然后来高考名列前茅，也因我的问题，被无端取消入学资格。听到这些情况，我非常痛苦，真未想到子女会因我受到这样不公正的待遇。被监管后、我工资被扣，爱人一人撑起家，生活十分艰辛。在襄樊实习的小女回京来探视我时说道：“夏天没裤子，想买条新裤子，妈妈说很困难，每月还要给陕北的奶奶捎去30元的生活费，买不起，只好等等再说。”

当时，我老泪纵横，心想我革命一辈子，他们从一出生，就没能过上幸福生活，如今还因我的问题而受到很多牵连，他们大把的青春甚至生命都因此受到无情的耗损。家人凄苦的现状，让我满心愧疚。八年中，我是第一次见到小女儿，谁料她同我这次见面后回到襄樊市，一个月后，在宿舍养病时遭到了犯罪分子的杀害，这次会面竟成为我们的永诀。当1975年4月我被解放回家，大家共同议定，先不告诉我这个消息，三个月后我方得知，痛悼不已，她因我才遭此大难，死时年仅28岁，令我抱恨终生。我每忆这些事情，对“文化大革命”这一民族的浩劫，都有刻骨铭心的警惕，这样的运动（悲剧）决不能再次上演。

在近八年的囚禁生活中，虽然读书看报受到严重限制，但我还是利用各种机会加紧学习。在这段难得的“空闲”时间里，我抓紧机会，一旦得到允许，就好好读书，这样既可消磨时光，又可摆脱寂寞，还可借机多学点知识，弥补自己的不足。我得以有计划地读了一些马列主义及毛主席著作，从而提高思想认识。在这段时间里，约通读了各类书籍百余册。经过几年的刻苦勤学，顿感茅塞大开、思路畅通。这八年时间喻为一次“特别党校”或“自修大学”，确实是有一定道理的。

长期的囚禁对健康是一种看不见的损害，身体素质也大不如前。1974年冬放风时，我甩手时间稍长，用力过猛，突然摔倒，头部撞墙后眩晕、疼痛，我和家属要求保外治疗，可专案组并未批准，只同意由大夫陪同到宣武医院检查。那时，专案组不许向医院报告我的真名职务等等，只写了一个“66号”病人。每日按时服用医院开的药剂，服用后病不见好，连筷子、报纸、笔都拿不住，这样的症状持续了近两个月后，才开始有所恢复，半年后才恢复正常。

病刚好，喜事传来，专案组对我的外调审核也有了很大的进展。他们在沈阳日本关东军特务机关，居然查到了我在唐山1420部队宪兵队被关时的全部审讯记录，这对于我是十分难得的宝贵材料。专案组为了鉴别真伪，有一次专门拿给我阅看，那是用日文、中文对照的口供，属于原始记录。专案组让我阅后问是否属实，我打开第一页一看，上面用中文这样写道：“冀东军区联络部部长刘杰供称”。我看了几页我的供词，大意不差，确是我当年的口供，不过并非原话。我猜想这是由于当时是在我的囚房中审问，并无专人记录，口供是敌人根据录音加上翻译修正的一份材料。见到铁证的出现，当时虽未正式获得自由，但我的精神上已有了支柱，确信党会对我的历史问题作出正确处理的。我内心十分喜悦，有此铁证，足可以证实我的历次交代是忠诚坦白可信的，而且也证明了晋察冀中央局组织部结论是多么准确啊！据悉专案组认真研究讨论，一致认为我的交代可信，态度端正。

适逢 1974 年邓小平同志出来主持工作，他力挽狂澜，坚决主张按照实事求是的原则，加快释放被关押的一大批老同志，大力纠正冤假错案。除了查证敌伪档案，专案组又派人到唐山市找到了负责营救我的情报组组长蒋志岐同志和我党在 1420 部队的重要内线赵子荣以及李永等人，多次询问核实，到 1975 年初，我的问题基本查清。

可能由于对我历史问题调查已经有了基本结论，负责管理我们这些重要审查对象的医护人员们，对我们的态度大大改变了，显得十分友好亲切、热情。还记得有件让我非常感动的事情，一位年轻的护士对我特别关心，她叫吴涛，河南鲁山县人，年仅 20 岁。一次，她给我送药检查血压时，趁卫兵不注意，小声告诉我：“你要好好养病，听办公室的同志说，你没问题，不久就会放你出去。你对家里有什么事可以告诉我，我可转达，不会出事的。”她的一席话让我又惊又喜。过了几天我写好了一封短信，并告知地址，请求她设法送达。她把信送到后，给我带了回信，说明家中情况均好，望我放心。在这场“人整人”的运动中，还有如此好心人。患难见真情，我们这对“忘年交”的友谊一直持续到现在。

二十一、老骥伏枥 壮心不已

久旱总有甘霖时，随着九一三林彪叛逃事件的发生、邓小平同志复出，“文化大革命”的一些错误得到纠正。历史车轮势不可挡地向前碾进，人生命运正在那个路口发生转向，我的历史问题就在此刻得到了彻底的解决。那个秦城分号——北郊交通部干校内的岁月也要宣告结束了，我一直在等待着这一天，也始终坚信这天会到来。

1975 年 4 月 21 日上午 9 时，专案组找我进行了最后一次谈话，向我宣布：“解除监押，历史现已查清，中央会有正式的结论。在这次审查过程中，你的态度是端正的，表现不错，能做到正确对待组织，正确对待群众，正确对待自己。有这三个正确对待，说明你对这场伟大的无产阶级‘文化大革命’已有了比较深刻的认识，希望你从此努力工作，改造自己，不断向上发展。离开此地，你要做到三个保证不许，不许公开这个地方，不许讲对你的审查方法，不许谈你的案情，这三条是要保密的，必须遵守。”就这样，我在机关同志的陪同下离开了这里，回到了久别八年的家中，十分高兴地见到了亲人们。

当我回家后，虽有让我感到不悦的事情，但解放带来的新生让我欢欣鼓舞。第二天上午，我见到了绥德师范学校的同班好友汪洋同志，我们近 40 年未见面了，经过了解，他才知道我的一些情况。他当时已是少将军衔，沈阳军区副司令，奉命调京担任国防科工委学习组副组长，并担任七机部核心小组组长（以后被任命为七机部部长）。我们一见面，真是喜出望外，有谈不完的话，真想马上将 40 年内发生的事情一股脑儿倒给对方。

1991 年，绥德师范学校老同学合影，从右至左依次为任远、党风德、马国骥、汪洋及夫人周湘文

当我们互诉到“文化大革命”岁月对国家及个人的影响时，既感叹时代之不幸，又欣喜于命运的转折，并誓言要努力工作。第二天下午，我又见到了当时主持中央公安部工作的曾威少将（时任公安部常务副部长），我衷心感谢他实事求是、秉公处理我的历史问题。全国解放前，他是冀热察军区平北军分区司令员，是参加过长征的老红军，曾是军队锄奸的老干部，对我的情况非常了解。当他得知中央三办专案组负责审查我的历史问题时，表示非常关切，立即调阅卷宗，听取汇报后，明确表示：抓紧结案，早日释放。因此，我才得以较早获得解放，其他人如刘澜涛、杨尚昆、安子文等都是 4 月 25 日才宣布解除监押的。

后来，我又碰到了时任交通部副部长葛琛同志，他在入城前是平北地委书记，我在区党委社会部工作时，就常驻平北地区昌平县桃峪口村，以后由此入城接管北平的。我们这些老战友，一见面即无话不说，特别兴奋。不久我们绥德师范学校的同学汪洋、白介夫（北京市副市长）、马国骥（五机部政治部组织部部长）、党风德（中华书局外文翻译家）和我五个人到王府井东来顺饭店共庆欢聚，愉快的心情难以言表。大难过后，感慨良多，恰逢挚友相遇，互诉衷肠、交流感情，我们每个人都洋溢着幸福的笑容，都充满了对未来的期盼。

我的归来，也给久久沉闷的家庭带来了欢乐，家中也为我的归来高兴了好几天。那时，我的子女都在外地生活工作。当得知我回来的消息，几天后，大儿子、大女儿先回来看我，唯有小女儿没回来。后收到信说工作忙，以后再请假回来看我。其实这是同学冒名写的信来骗我，当时我无法得知真情，全家上下对我隐瞒了真相。三个月后，我小女儿所在的单位来人向我说明情况，我顿时失声大哭，悲痛不已。为告慰女儿的在天之灵，我专门就小女惨遭杀害一事向铁道部部长万里和最高法院院长江华上书，请求依法严惩凶手。不久，凶手被缉捕归案，判处死刑，了此冤案，也给我这个不称职父亲以抚慰。

1975 年 6 月，二机部党组恢复了我的工作和党籍，安排我先留在部里参加工作组，主要负责解决领导班子的问题。三院党委书记甘柏同志，是从一机部调来的干部，在“文化大革命”中被打成“叛徒”。据查，他是在学生时被捕的，当时并未入党，那时便是“叛徒”，岂不荒谬？我立即向造反派进行疏通，据理力争，后同意“解放”调回部里另行分配。紧接着用了三四个月的时间，就彻底解决了三院这个二机部“老大难”单位的派性难题，排解了院党委内部的矛盾，使三院的工作很快就走上了轨道。我在工作中坚持原则立场，使不少被困的同志得到了解放，重新走上了工作岗位。

1975 年 8 月 5 日，专案组终于对我的历史问题做出了结论。我看了以后感到和以往的结论相比大有改变，廓清了历史的迷雾，还世人以真相。这个结论首先肯定的是，我“在战斗中负重伤被日寇俘虏”，在叛徒的指认下，我承认了自己是刘杰（当时在冀东工作中对外用的化名），并肯定我“没有供出我地下组织和自己所领导的情报人员”，“经反复查证，任远领导的情报组织和人员没有遭到敌人的破坏”，并指明我是“通过我情报关系逃回解放区的”，“在这次审查中也没有查到任叛变投敌和被敌特派回来的事实”。对这些符合实际情况的论断，我没有什么不同的意见，总体感到满意，这个结论也澄清了历史长期怀疑的所谓“叛徒”“特务”的嫌疑，给我以莫大的安慰。

结论中还肯定我的检查以及交待事情的态度，这让我感到很高兴。不过，结论中还遗留了些让我无法接受的提法，如结论中仍有“被捕期间犯有的政治动摇错误”的字眼，可又没有具体指出我有哪些政治动摇的事实表现。事实上，在被俘过程中，我从无动摇行为，对该结论要求重新研究，作出更正。我曾在1979年8月，向二机部党组提出了长篇详实的书面意见。部党组收到我提交的书面意见时，十分重视，修改了结论，随即报经中央组织部批准我的最终复查结论，使我衷心地感激。

1976年初，二机部部长刘西尧同志找我谈话，动员我到四川一院担任党委书记兼院长，我明确表示，能力有限、难以胜任。我未系统学过物理化学等科学理论知识，“文化大革命”前主管过核动力的科研设计工作的经验恐难适用，请部党组慎重考虑，并建议：自己可先去领导工作组，具体考察后再作决定，且现尚未正式分配工作，对党的政策了解不多，难以代表党组担此重任。于是我建议由部派出一位局长挂帅，担任工作组组长，我可担任副组长进行协助。部党组同意我的意见，决定由部办公厅主任沙克同志任工作组组长、部党组成员，有权代表党组处理问题。我任副组长，我们二人可以列席四川省委会议。

1976年是个不平凡的一年，1月周总理病逝，6月朱德病逝，9月毛主席逝世，又发生了唐山大地震。最大的变化是10月份顺利地粉碎了“四人帮”的阴谋夺权，全国欢腾，到处敲锣打鼓，庆祝胜利。从此就结束了长达十年的内乱，使全国生产、生活、工作、学习逐步能够正常地进行，全国形势逐渐好转。

1977年初，二机部北京261厂深受派性的干扰，生产搞上不去。部党组派我为工作组组长，我用了半年的时间就扭转了局面，实现了开门红。我先后参加了三个工作组，历时两年多，然后于1977年11月任核二院党委书记，我狠抓落实政策，拨乱反正，平反了不少冤假错案，1978年，我有幸参加了邓小平同志召开的第一次科学大会，能亲身聆听大会的精神，受到了极大的鼓舞。在参加科技大会之际，我针对部里的体制、机构、研究设计、领导作风及领导班子出现的问题等，根据在部十多年的实际体验，本着解放思想、实事求是的原则，向邓小平、张爱萍同志提出了改进二机部工作的五点书面意见，引起了领导的重视。领导责成国防科工委副主任刘华清和政委李耀文两位负责同志在大会结束后找我谈话，并认真地听取了意见。

我具体谈了两个多小时，根据“文化大革命”前后二机部存在的几个主要问题，向中央反映后并提出建议。他们听取后亲自做了笔记，还十分亲切地对我说：你的这些意见，我们会向科委党组如实反映的。希望你努力做好二院的工作，为国防尖端事业“两弹一艇”继续发奋创新，作出新的贡献。这使我受到了极大鼓舞，决心把大会精神带回到工作中去，并愿以实际行动来认真贯彻大会精神。在落实此次会议精神的过程中，1978 年核二院工作出现了全面好转，受到部党组的赞誉。

1980 年 11 月，二机部设计质量检查交流会上与会人员合影。前排右四为任远

1978 年，中央组织部副部长兼秘书长张照华同志代表中央向我们在“文化大革命”中受迫害的七位同志（包括王光美、张文松等）正式宣布：根据党中央的指示，遵照中央平反冤假错案、拨乱反正的落实政策精神，坚持党的实事求是的思想路线，现将你们自己在“文化大革命”期间所写的全部材料，统统交你们自己处理，一切不实之词全部

推翻，恢复每个同志历史的本来面目，你们自己一火烧之，不必保留它。同时又认真地征求我们自己对党对组织有什么意见，然后由中组部办公室夏延棠同志把我们每个人的材料分别打好小捆，让我们验收签字。对此材料，我一直完整保留并未销毁，这是历史的见证，也是当时当地事实的记录。

1979 年，中央彻底解决了我的历史问题，根据我的申请，重新修改了复查结论。并明确指出，“任远的历史是清楚的，工作上是执行毛主席革命路线的，隔离审查是林彪四人帮的迫害”。“经反复查证，任远所领导的地下组织没有受到任何破坏，他被俘后没有叛变投敌和被敌人派回的事实”。并指出“审查期间态度端正，工作表现一贯是好的”。看着这迟来的正确结论，那一瞬间我仿佛回到了 35 年前的杨家铺子，回到了那硝烟弥漫的战场，那场影响了我一生的战斗哟。

我的历史问题获得彻底解决后，党对我重新安排工作，拟予重用。1980 年 1 月 17 日（农历正月初二），公安部党组约我到公安部办公室谈话，党组副书记、常务副部长凌云（后任国家安全部部长）和李广祥副部长接待了我。因我们彼此十分熟悉，凌云同志告诉我：“部党组调你归队，分管五局的工作，拟提你为副部长，待报中组部批准后再公布，现征求你个人意见，再正式上报中央。”我当即表示：“我很热爱党的公安保卫工作，党组要我归队，我很高兴。现因二机部党组决定让我赴意大利、罗马尼亚二国访问，并已经报国务院批准，春节后就准备出国。可否待我访问归来再报到？”凌云同志当即表示同意。当我访问欧洲归来后，就立即向公安部部长赵苍璧写了报告。不久，中组部就通知二机部政治部：“调任远回公安部工作，二机部党组有何意见，望告。”刘伟部长指示政治部，问清公安部调回后工作如何安排，如安排适当，可以调回，但种种原因致使我未能调回公安部。

不过，在当年 10 月，由于已有将我调回的计划，我有幸参加了对“四人帮”的历史性审判。公安部党组特批我与赵苍璧部长等部领导及中央有关领导同志一起，专门在礼堂上面的小会议厅观看了庭审的全部经过。我亲眼看到了法庭上以江青、张春桥、陈伯达、王洪文等为首的罪犯的丑恶表现。有幸目睹了“四人帮”可耻可憎可悲的应得下场，我的心情难以平静，内心无限兴奋。人间正道是沧桑，好在历史是人民写的。

1980年10月底，我随刘伟部长乘专机由京直飞西部罗布泊湖核试验基地，参观了我国最后一次地面的核爆炸。此时，新疆地区已感初寒，我们一律戴上防护面具，“全副武装”地目睹核弹高空爆炸了。昨日重现，当年一起攻关的那些老战友还好么？

由于核电发展受到限制，国防科工委提出“保军转民”战略，多种经营，广开门路。我为发挥核二院的优势和技术潜力，倡议多搞民用项目，为民造福，开始接受啤酒厂的设计业务。对于这些举措，院内外确有不同意见，认为不务正业，而我不顾这些非议，积极向部领导请示。我的建议得到部长刘伟同志的积极支持，刘部长明确指出，市场需要什么就搞什么，大方向没有错。这些啤酒厂取得了较好的经济效益和社会效益。当胡耀邦总书记听取了核二院领导向他汇报贯彻“保军转民”方针所取得的可喜成果，和对大力发展啤酒厂民用工程设计所取得的优良成绩时，开玩笑地说：“你们核二院就叫啤酒设计院好啦！”

1981年，公安部向胡耀邦总书记推荐了第一届武警领导班子人选，由边防总局局长慕丰韵同志拟任副司令员兼参谋长，谢衡同志拟任副司令员，拟调我任副政委兼政治部主任。胡耀邦总书记批示：武警属军队建制，领导班子应由总政治部统一调配。这样我们三人均未调动，仍留原职工作。

1982年，中央批准实行领导干部退休制度，当时我已年过60岁，于是主动推荐了一位年轻的处级干部（武连元，他当时年仅44岁）接任我的职务，经院党委审查同意后并报部党组批准。因此，1983年7月，我得以顺利地辞去核二院党委书记一职。不过，部党组还是考虑应在我免职后给以适当的工作安排，同意彭士禄同志的建议拟调我担任广东大亚湾核电站党委书记。不过，此事由于水电部党组没有同意，最终未能实现。

我随即于1984年主动申请离休，幸获部党组批准。我虽然离休，但自知由于“文化大革命”及本人的历史问题，耽搁了我的工作时间，还是想利用各种机会，做些有意义的事情。我从1984年至今离休已30余年。

老牛自知夕阳短，不用扬鞭自奋蹄。本着离而不休的精神，我积极从事力所能及的事，对党对人民有益的工作略尽绵薄之力，以此报答党对我几十年的培养教育，做一个人民老黄牛，革命的老战士，默默地无私奉献。二十年来，我主要从两个方面略尽微力，为党和人民作一点贡献。

一方面，我对核事业充满热爱，积极支持相关工作的开展。核事业是国家的国防尖端事业，对国家安全和经济发展都有十分重要而深远的意义，对这方面的工作，党中央、国务院一直给予高度重视，各级地方政府也将该工作置于重要位置。我几十年来有幸参加了“两弹一艇”的光荣事业，成为我国核事业战斗领域的一名老兵，而且在党中央和二机部的正确领导下，努力完成了自己的本职工作，取得了一定的成绩。进入离休岁月，我仍然努力在核事业领域耕耘，推动核事业发展。

我将离休后的工作视为第二次创业，希望以各种形式尽一点力。这集中体现在支持核学会的工作。我积极参加每次会议，并在核动力学会的组建上提出一些建议，受到与会同志的重视。我以后陆续到浙江秦山核电站、大亚湾核电站考察学习，实地体会了我国核事业发展的状况。

当核电动力学会决定聘请一机部老部长王子仪同志和我为特约顾问时，我深感力难胜任，只希望踏实做些事情。在理事长彭士禄同志的热心推动下，为尽早建设我国核电事业，我离休之后仍为核二院在沿海地区山东和福建选定了两座大型核电厂址并进行了可行性研究，有力推动了相关工作。我先陪同核二院原院长刘国明同志到山东胶东半岛烟台市和青岛市所属十几个县，进行现场勘察与选择，大约十多次，最后选定海阳县（烟台市管辖）核电站的厂址，经省计委和电力局审定，水电部审批，已纳入国家规划。

后来，我又陪同核二院领导到福建省选择核电站厂址，受到省委省政府的热情接待，我们双方就核电站的建设问题进行了深入友好的交流。由于福建省能源结构迫切需要建造核电，省委书记项南、省长胡平都十分重视，专门成立了一个核电领导小组，由胡平省长担任组长，福建省计委、省电力局、环保局、地质局、省科委等有关部门负责同志都参加了。这个领导小组还吸收海外人士以及台湾有识之士参与，并委任我为核电领导小组顾问。这个工程现已纳入国家规划，拟在2020年前建成投产。我有理由相信，我国核电事业必定会出现一个大发展的大好时期，这是我们核工业部门几十年来的衷心希望。第一颗原子弹爆炸已有40余年，核事业迎来新发展的极好机遇，这必将激发全体同志的工作热情，大家必将以当年创造“两弹一艇”的革命精神，艰苦奋斗，团结拼搏，勇攀高峰，再创新功。

另一方面，我从事有关开发西部的一些活动。我是西北人，生在陕北黄土高原，对这片广袤的土地有着深厚的眷恋之情。自幼受到革命的启蒙教育，从青少年起就参加少共团、民先队、共产党，曾从事党的地下工作。七七事变后，党派我到延安学习，又调到陕甘宁边区保安处，经专门训练后从事侦察工作。1939年初即调中央社会部，长期派到华北敌后担任敌区情报派遣联络工作，转战长城内外浴血抗战，献出了自己的青春，经历了峥嵘岁月，得到了锻炼。现已进入垂暮之年，但仍壮心不已，继续为党奉献余热。因此，党中央提出西部大开发这一伟大号召时，我衷心拥护、热烈响应、积极参加、不遗余力，立志做到：生命不息、战斗不止，只为付出、不求索取，甘为无私奉献的无名战士。我作为西部地区的一位老兵，仍愿竭尽余力，贡献余热。我长年关注宁夏的发展，至今已十下银川，积极充当园丁，奉献微力。

1987年秋，中央统战部委派我陪同一位美国兰丝小姐和香港挚友胡先生三人由京直飞拉萨，这是我首次出游世界屋脊、青藏高原。出发前为了安全起见，中央要我先进行体检，以查看能否适应。当时我已年近古稀，检查结果正常，于是便开始了西藏之行。当我们完成了在拉萨的参观访问活动之后，又乘车去了青海，奇怪的是青藏高原海拔虽高，我却“麻木不仁”，似无不适，估计是我长期锻炼、坚持冷水浴打下的好底子。我坐在疾驶的车上，感慨万千，靠着意志，我自己不仅登攀上了自然高度，也征服了自己的心理海拔！如今青藏铁路已经修通，我期待在有生之年能乘坐这趟列车再次进藏。

此外，我离休时，已到了轰轰烈烈的改革开放90年代，我国经济社会取得重大发展。关于我的政治待遇，老战友苏毅然同志竭力为我奔走，时任总书记的江泽民同志了解到该情况后，当即批示中组部解决我的政治待遇问题。组织领导对我个人问题的关心、对我历史问题的正确处理，都给我的晚年以极大的安慰，也使我再次体会到中央对于普通党员的关怀。

1985 年，任远（左）与老战友苏毅然在一起

人生是短暂的，人生的价值，贵在奉献。只问耕耘不问收获，是人生的最高境界。苦难是人生的宝贵财富，坎坷是我最好的老师，挫折艰辛，良师益友。功名地位非我求，留得清白在人间。

历史是无情的、公正的、真实的、无法改变的。铁的事实，无人否认不可抹煞，因为它是客观存在的。往事并不如烟，它已与历史永存。前事不忘后事之师，以史为镜，继往开来。

时光流转一甲子，弹指一挥六十年。一路走过，人生三万两千天，我做到了庶几无愧。作为一名老战士，我在战场上洒过血；作为一名老党员，我在建设中流过汗。誓言无悔，任重道远。面对历史，我坦然、欣然。

附录：

缅怀许建国百年华诞

任远

许建国

许建国同志是我国公安保卫战线上卓越的领导人，是艰苦创业的开拓者。他是有着50多年党龄的共产党员，是长期战斗在隐蔽战线上忠诚的、杰出的共产主义战士，是久经考验的无产阶级革命家、坚贞不屈的政治家。他的显赫功勋，将光照千秋，永垂不朽。

许建国的一生，充满艰险。建党初期，他从事工人运动，在白色恐怖岁月，进行党的地下秘密工作，具有丰富的实践经验。红军时代，他创建军队保卫工作；西安事变时，他保卫中央代表团的安全；抗战开始，他任中央社会部战区部部长，负责开辟敌后敌区情报工作。1939年3月，中央派他到华北晋察冀抗日模范根据地，领导区公安保卫工作。在解放战争年代，他积极探索城市公安工作，先后在张家口市、石家庄市的实际工作中积累了宝贵经验，为全国解放后开展大城市的公安保卫工作，做了充分的准备工作。从1948年底开始，他在天津市及上海市这两座大城市的公安保卫工作中，取得巨大成绩，作出了重要贡献。他是我国公安保卫工作中长期奋斗在第一线、颇有威望、政绩突出的领导者、指挥者。

许建国同志是全心全意为人民服务的典范。他甘当无名英雄，乐为人民公仆，忠心耿耿，无私无畏，艰苦奋斗，廉洁奉公。他具有坚强的党性和崇高的品德，是我们永远学习的楷模。

本文根据自己的切身经历和所见所闻的实际事例，追忆许建国同志对我们的谆谆教诲和精心栽培，以表达无限崇敬和衷心感激之情。

我是陕北绥德人，出生在一城市贫民家庭，因家贫9岁方上私塾，12岁转入高小学习。1933年我即秘密加入少共团。1934年县教育局长帮助我办了一个文凭，跳级考入省立公费的绥德师范学校。毛主席率红军到瓦窑堡后，我于1935年底放寒假时，秘密随同学赴苏区王家沟，找到县委王世英、王海山等，提出参加红军的要求。县委认为我在白区绥德城内，又在绥师求学，便于掩护、恢复白区秘密工作，于是动员我先返校，进行地下工作。经过秘密训练，我携带党的文件于1936年1月初重返城内，在师生中开始抗日救亡活动，组织民先队。七七事变后不久，我秘密入党。年底，特委派我赴延安学习，先后在陕公、抗大、干训班学习毕业，分配到陕甘宁边区保安处工作。1939年2月调中央社会部，3月由中央社会部战区部长杜理卿率我们13人随中央考察团赴华北敌后考察。为工作需要我们14人一律改名，我改名为任远，杜理卿改名为许建国，一直沿用至今。1939年3月中旬，我们由延安出发，下旬途经绥德，休息三天。在这里，许建国同志让我回家看看母亲和弟弟们。他知我家贫，生活困难，交给我白洋23元，回家留给家用。当时，我们均无工资，而许建国同志对我个人家庭如此关怀，出乎我意料。同行同志均不知悉，我的老母、幼弟对此十分感激。此事至今难忘，深感组织上的亲切温暖厚爱，促使我要更加努力工作，革命到底，只有如此，才不辜负党对我的教导。

当年3月底我们东渡黄河，先到晋西北奇岚县，这里是晋绥根据地中心。我们分头下去进行社会调查，大约经过一个月回来向许建国汇报。由于我们知识分子缺乏实际工作经验，不懂调查研究的要求，更不知调查方法与内容，当许建国同志问及各地方地主、富农、中农、贫农、雇农、工人、商人等各有多少户，占多少比例，他们对抗战态度如何，有何区别，对政府、军队有什么意见，干部表现如何，党员有多少，他们工作有什么困难等等这些问题时，我们大都答不完全，或者根本不知。这次下去实际考察的经历，给我们很大帮助，使我们受到不少启发。我开始懂得社会地位决定人们的政治态度，存在决定意识。经过实践，我对调查和考察工作的重要性、目的性以及怎样调查怎样分析等，有了一些初步认识，为后来考察工作打下了基础。许建国同志的耐心教导与反复说理，使我们这些刚参加工作的年轻的知识分子逐渐明白，一定要虚心向实际学习，要放下架子，甘当小学生，向群众向干部学习。大家经此一课，都有不同收获，心里十分佩服，认识到做考察工作的重大意义。

离开晋西北，我们通过封锁线同蒲路，当年6月到达晋察冀边区中心阜平县城南庄，开始对边区公安总局和军区锄奸部的工作进行考察。我们发现边区的锄奸保卫工作有很大成绩，对保卫边区安全、巩固根据地起到了很好的作用，但在执行政策方面存在不少问题，乱捕乱杀还未完全制止，有些案件尚有刑讯逼供的现象。许建国同志立即抓住这一重大问题，进行了深入的调查研究，亲自审查这些案件。

首先，审理冀中军区锄奸部破获的日本特务重要案件，涉及的案犯有卫生部长张珍、李雪等十余人，主要人物是供给部长熊大正。从已有材料分析，由于刑讯逼供，真假难明。于是许建国在炎热的暑天，夜以继日，亲自审问。我和张季良同志负责记录，逐个分别审讯。许建国先交代政策，晓以利害，指明前途，决不动刑。他对被审查人明确宣布："我们共产党决不放过一个奸细，也决不冤枉一个好人。坦白从宽，抗拒从严，切勿存在侥幸心理，蒙混过关。"他对每个被审查人深入浅出地讲形势，讲政策，讲理论，讲毛主席的《矛盾论》《实践论》《论持久战》等；指明抗战必胜，日寇必败；讲辩证法、唯物论，要求被审查人讲真话，说实情，决不许欺骗政府，骗取信任；不要自欺欺人，更不可陷害他人。有错可以纠正，有冤允许申诉。必须正确对待组织，要对自己负责。反复说理，耐心教育，以理服人，政治感化。

如此审理效果显著，熊大正等主动承认自己被迫胡供，没吐露真情，其他人亦主动交代了自己的问题。不到一个月，案情真相大白，十几名重要干部解脱了关押，重新回到了工作岗位，随即将边区公安总局审理的所谓托派案件，即李晓初、李华等人问题，逐一澄清。许建国重证据，不轻信口供，对错案、冤案大胆平反，甄别纠正，收到了很好的效果，对边区公安保卫工作产生了很大的影响。通过这段实践，我亲身体验到，他有很高的政治理论水平，有丰富的实践经验，坚持实事求是的工作作风，使我深受教益。

平津敌占城市不断派遣特务潜入我边区，公安总局破获一名女特务王兰要案，送交许建国亲自审理。在关押期间，女特务竟以美色引诱我警卫队长上钩，后被发觉。我们对特务严加审讯，彻底查明她的阴谋活动，坚决予以镇压。对犯了错误的警卫队长予以严肃处理，撤职调离机关，另行安排。许建国同志对干部严格要求，及时果断处理，深受我们敬佩。

从 1939 年 9 月至 1940 年底，我们被分别派出工作。我先到一分区，初步了解到易（县）满（城）徐（水）一带对开展平、津、保等敌占城市地下工作十分有利。10 月，我又被派到四分区平山县公安局帮助工作，开展社会调查，了解日特及国特在平山活动情况。1940 年春节，我返回机关汇报工作，受到鼓励，因此我十分高兴。

中共中央北方分局（即晋察冀分局）为全面推进边区党、政、军、群各方面工作，组成联合考察团，由彭真同志亲任团长，吴德、李楚离、王友（钟子云）同志任副团长，分设党务、军事、政权、社会、群众等专门小组，共 100 余人，考察三分区的阜平、唐县，四分区的平山、灵寿，二分区的五台、盂县，历时 3 个月。分局社会部派出一个社会调查组，负责考察社会部、公安局等部门锄奸保卫工作及敌区地下工作情况，由我负责，有伍彤、江涛、孙文东等参加。我们四人分别参加有关小组活动，我参加党务小组。

经过 3 个月的紧张工作，使我们对边区各地锄奸保卫工作有了基本了解，初步认识到边区对敌斗争的重要性、艰巨性和复杂性，以及日特、国特、反动封建会道门以各种方法进行破坏抗日根据地的阴谋活动。各地均针锋相对地进行了有效的艰苦斗争，取得了巨大成绩，并积累了一些宝贵经验。这使我们认识到开展保卫工作的必要性，增强了责任心，并对抓紧开辟敌区工作有了信心。我们认为：必须要有强有力的情报工作，才能有效地保卫根据地；必须实行专门工作与群众路线相结合的正确方针；必须采取派出去和拉进来的两手，方能对付狡猾的敌特破坏活动。3个月的实地考察，使我们增长了不少知识，学到了书本上学不到的许多生动新鲜的学问，开始懂得了向实际学习、向群众学习、向广大基层干部学习的迫切性和重要性。考察结束后，经过讨论，我们向许建国部长写出了较为全面的书面总结，受到了他的肯定。他认为这项工作有收获、有经验，既锻炼了自己，又提高了自己，这对今后工作十分重要。

根据许建国部长的指示，我们将几次外出调查研究的具体经验，写出一个“怎样做社会调查工作”的专题小结。他亲自做了审查修改，让我到分局社会部办的干训班试讲，听取大家反映，再加修正，作为专门教材。

任远（右）与许建国夫人方林合影

许建国同志十分重视干部培养。华北分局社会部成立不久，他先派苏育民举办干训班，专门培训地委、县委两级专业干部，采取书本学习与实际学习相结合的方式，丰富学员的感性知识。第二期干训班结业后，立即组成一个有30多名学员参加的实习工作团，以北岳区党委名义介绍到各地，指定我为团长，由刘澜涛书记亲自给三分区及四分区地委书记写信，安排我们到唐山、曲阳、阜平、平山等地进行了约两个月的实习活动。这次活动使我们认识到保卫工作的地位与作用，大家一致决心实习回去后努力工作，使本地保卫工作走上一个新的台阶。这些同志以后均成为边区隐蔽战线的骨干。他在短期内举办了几期干训班，培养了百余名保卫干部，对边区保卫工作起到了很好的促进作用；同时协助部队培养了百余名锄奸干部，推动了锄奸部门新生力量的健康成长。

以上这些活动使我感觉到许建国同志有个很大的特点，那就是十分重视务实求真、不走形式。凡事必亲临实地，具体分析、具体指导，及时总结，以典型推动全盘工作。他以身作则，带头深入实际，勤于调查研究，善于总结经验教训，使身边的干部不断有所提高。

从1941年起，我的工作重点转移到各战略要地开辟敌占大中城市的情报派遣与联络工作。先到二分区晋东北地区，开辟太原、石家庄及同蒲线城镇敌区秘密工作。1942年转移到平北地委，开展伪蒙疆地区张家口及平绥线的情报工作。1942年底至1944年10月杨家铺战斗前，我又被调到抗战最前线冀东地区，负责开辟伪满洲国东北各大城市以及北宁线、唐山、天津等地的地下工作。我是在许建国同志直接指挥和具体领导下，战斗在最艰苦、最紧张、最困难的前线地带。我满腔热情，无所畏惧，不怕牺牲，不怕流血，夜以继日，忘我工作。我把我最愉快、最幸福的青春时光，奉献给我衷心热爱的党的隐蔽斗争，为此我深感自豪。尤其是我能在许建国同志的热情关怀、亲切教诲下逐渐成长，甚为幸运。

1941年，我到达二分区晋东北后开始进行社会调查，物色派遣对象，深入游击区，寻找敌伪上层关系。正在紧张工作之际，我接到许建国同志急电，命我立即返回边区机关汇报工作。这时已经到了初冬时节，我带着龙玉祥同志急速奔赴平山赵克庄机关驻地，详细汇报了二分区工作情况，又接边区通知：日寇向边区开始了冬季大“扫荡”，命后方机关立即疏散向外转移。

许建国同志命我先回二分区，可自行返回，不随机关行动。于是我到阜平随县委一起向五台山方向转移。我同易清源书记随县大队当晚深夜爬过大别山时，不料中敌伏击。我们立即向山下撤退。我的右腿踝部被山上树杈插破，下山又蹚沙河，灌进了泥沙，夜行30公里。当找到区委后，始发觉我的右腿肿胀，无法坐立，更难走路。于是县委书记易清源同三位区干部亲自抬担架，走了30多里路找到军区卫生部。经卫生部副部长游胜华及外科大夫会诊，他们认为我伤情严重，必须动手术截肢，方可保全生命，这令我十分紧张。

第二天清晨，游胜华副部长带来外国专家柯棣华大夫又重新诊断。柯棣华是印度援华医疗队高级医生，会讲中国话。他听完游胜华部长的简单介绍后，亲切询问我负伤经过，又认真检查我的伤口，略加思索，提出了他的判断和治疗方案。他说，既不是枪伤，不会危及生命，因此不用做截肢手术，并明确提出由他亲自负责治疗，先清除伤口沙子，再用药棉医治伤口，可以恢复健康。这使我万分高兴。从第一天起，每日早、中、晚三次换药清理伤口，都是柯棣华大夫一人蹲下自己操作，这令我十分钦佩。他既当医生，又当护士，一身二任，精心护理，整整 30 天，伤口才痊愈。他有精湛的医术，又有超常的爱心和高尚的医德，真是一位“神医”。

这种伟大的国际主义精神，给我留下了永生难忘的美好印象，激励着我坚决抗战到底的革命意志。当我伤愈告别时，非常感激这位英国皇家医学院毕业的博士、外国专家。他既是我的救命恩师，又是我敬佩的导师。我抱着依依惜别之情，愉快地返回到分局社会部。当我向许建国同志详细报告因负伤治疗无法同组织联系时，他亲切地说：“回来就好了，先好好休息一下。”机关同志见到我后异常高兴，连忙告诉我，许建国部长对我特别关心，天天打听“有没有小任的消息？”这种发自内心的爱护关怀，使我感到革命大家庭的同志式的阶级感情和革命友谊，更加激发了我要努力工作，奋发向上的革命朝气。我和机关同志们共度 1942 年元旦佳节，这是我们抗战时期最后的一次团聚，给我留下了深刻的记忆。

元旦后不久，许建国同志找我亲切谈话，拟派干部科长郭伯辰同志到二分区地委接任情报站长，决定派我到平北地委担任情报站长，负责开展伪蒙疆政府地区、张家口及平绥线的敌区情报工作，并派乔才（李淑仪）、江涛、朱世昌以及派出的蒙古族干部苏剑啸等同行。行前，许建国又单独找我谈话，一直到第二天凌晨一两点。他谆谆教导我：“要尊重地方党委，取得他们的理解和大力支持，要同当地干部搞好关系，互相团结。外来干部要主动同当地干部搞好关系，尤其是从延安出来的同志，必须谦虚谨慎，搞好团结。同时，还要搞好同志间的团结，互相帮助，对同志讲真话，互相学习，亲如弟兄，这才是战友啊……”他的深情教诲，使我增强信心，决心搞好团结合作。临别时，他竟将随身携带的十分喜爱的德国造的枪牌小手枪送给我，作为纪念。这令我十分感动，我一直珍藏在身边。在 1944 年 10 月 17 日的杨家铺战斗中，我因突围负伤不幸被俘时被日寇夺走，令我感到万分可惜。它是我一生中最心爱的一件宝物。

遵照领导教诲，1942 年 1 月中旬，我们到达平北地委后，同主要负责同志苏梅、葛深、徐明以及平北军分区政委段苏权等同志关系十分融洽，他们在工作上给我们极大支持。解放后许多同志分别担任了中央部长及军队将军等重要职务和军衔，但同志们关系一直仍然很亲密，经常互相关照。为了尽快打开工作局面，我带苏剑啸同志到伪蒙疆政府所在地张家口附近的崇礼县，通过当地上层人士潜入张家口市区，将苏剑啸之爱妻董湘兰秘密带到我区与苏剑啸见面，商议如何随她回到张家口与该区头面人物直接联系等，并用当地开明地主何仁先生作为我们的秘密交通员。同时，我又同一位法国神父在天主教堂会面，密议共同开展反法西斯斗争。工作很快有了起色，并在平绥线上的宣化、怀来、康庄、南口以及北平等地建立了一些可靠的情报关系。1942 年 10 月，正当工作初步有了进展之际，我忽然接到许建国同志的通知，调我到冀东特委建立东北情报联络站，并派霍延生同志带一个电台先期于 8 月中旬到达冀东。我接到了分局负责同志聂荣臻、许建国给冀东李运昌、李楚离的亲笔介绍信，从平北直接通过封锁线平古路，向军区报到。平北工作暂交江涛同志代理。不久，许建国同志派苏毅然同志赴平北地委负责领导情报站工作。为了向许建国同志全面报告平北的工作情况，我在离开平北前夕，将亲手写有两万余字的书面报告交给上级，当时的一些重要材料现仍保存在公安部档案馆内。我曾在编写《晋察冀情报工作史》时亲自看到了这些历史资料。这些材料如实地反映了当时平北工作的实际情况。

冀东是晋察冀边区十分艰苦的最前线，与伪满统治的东北地区有直接联结的前沿阵地。我党在冀东有很好的群众基础，1938 年我们举行了震惊中国的冀东大暴动，创建了抗日根据地，深受广大人民的拥护，是收复东北失地最好的前进基地。冀东人民深受日伪统治之苦，抗日特别积极，情绪高昂，斗争坚决，而且村村都有人同东北各大城市有着广泛联系，对开展东北地区工作十分有利。许建国同志远见卓识，早于 1941 年即派史拓、伍彤同志开辟城市地下工作。我到冀东后，特委决定我们先依靠滦东十二地委为主，由十二团派一个警卫连负责机关及电台的安全。为便于工作，可以军区联络部名义向外活动，机关代号取名“燕山部队”，并责成我用特委名义向五个地委及有关县委发出“关于加强开展调查研究工作的决定”，便于我们依靠地方支持。为了迅速开展工作，我们于1943年1月直接深入到山海关、秦皇岛附近的临榆县内活动，机关电台设置在山地活动，1月22日已与分局电台取得了直接通电的密切联系。我先带少数干部深入平原地区开展工作。由于有上述有利的客观条件，加上主观上的积极努力，我们很快地站稳脚跟，初步打开了局面。

经过我们半年多的共同努力，在北宁线及东北各地发展了几十个上层关系，并派出骨干深入敌内，进行内线工作。我们在短短几个月时间里，已经在山海关、秦皇岛、海阳镇、北戴河等地争取敌伪人员有很好效果，如山海关伪警备团长张爱仁、临榆县长杨延烙、秦皇岛中学范履中、海阳镇商会会长杨延安、警察分署署长杨振宁、侯庄大乡长侯清波等。同时，我们积极物色人才，适时派往东北锦州、沈阳、长春、大连、哈尔滨等大中城市开展秘密地下工作，发展进步爱国人士，参加抗日救国组织，为收复东北失地打下了良好的基础。

分局社会部许建国部长抓住冀东这一有利的战略重地，积极加强配备得力骨干，充实情报联络站的领导班子，及时派来了有敌区斗争实际经验的宋敏之、李培德、仇友文、赵东黎、陆曦、岳武、高展等，冀东特委亦从地方抽调适宜从事秘密工作的得力干部，如方飞、王钧、彭飞、商建华等。根据工作发展形势需要，在路南、西部、滦东分区设了三个分站形式的情报组织，分别由伍彤、李培德、宋敏之三人负责，并可参加当地党委，以利工作之开展。为在伪满洲心脏长春市建立秘密电台，许建国又派来一部电台及一名报务人员，先放在军区机要科待命。拟先派赵东黎同志潜回长春市站稳脚跟，然后由李培德同志负责物色可靠交通员送出电台，便于与我及分局、中央直接联络，以配合形势发展需要。总之，冀东工作形势十分有利，正为迎接反攻，做好充分准备。

不料，我方警卫员王深被敌人策反投敌叛逃，造成意外损失。

这是秦皇岛宪兵队武田队长利用伪保长之女引诱王深上钩，当被我们发现后，王深畏罪潜逃。我们及时采取果断措施，机关转移，人员疏散，电台隐蔽，致使叛徒王深亲自带领敌特奔袭时扑空而返。我们当即将伪保长处决，打击敌特阴谋活动，以教育其他伪职人员，不得助敌作恶。对可能暴露的敌伪关系，采取灵活主动巧于应对的策略，防止敌特破坏，避免不必要的损失。对此，我们专门开会研究，及时总结经验教训，迅速扭转不利局面；决定转移领导机关及电台，由滦东地区向昌黎、丰润中心地区发展，便于与军区、特委保持更好的联系；振作精神，努力奋发，创造新的有利条件，开辟唐山、平津方向的秘密工作。

从 1943 年 8 月至 1944 年 8 月，我们抓住有利时机，大力开展敌区工作，以利反攻，收复失地。特委将敌区已有的重要关系交我们统一管理。李运昌同志首先将他从 1942 年起建立的伪满重要内线关系伪满中校教官张庆和转给我使用。张庆和是乐亭人，留日学生，是乐亭县委书记李海涛同志的姐夫。李海涛派姐姐李玉贞亲自赴长春市向丈夫张庆和说明李运昌的意图，讲清形势，抗战必胜，日寇必败，为国为己，早做打算，要他参加抗日，以便反攻时做内应。张庆和即接受了我方意图，表示努力工作，发展联络有志同事。从此，他便不断向李运昌秘密传送伪满军事情报。我让伍彤、高展同志找李海涛和李玉贞继续加强联系。张庆和在长春及哈尔滨发展了几个重要关系。特委书记李楚离和组织部长周文彬同志又将唐山内线交给我领导，我与唐山市伪市长袁轨的视察员张家声接头后，经特委批准，委任张家声为唐山情报站长。他是老党员，长期与李楚离同志在天津、唐山从事白区地下工作，有秘密工作经验，善于交际，有广泛的敌伪内部关系。在抗战后期，敌区工作大有发展，形势十分有利。

1944 年夏，许建国同志从延安参加了整风学习后回到边区，立即派王友（钟子云）同志到冀东，以加强东北地区工作，迎接反攻形势的到来。钟子元于 8 月底到达冀东，决定成立冀热辽区党委社会部，将东北情报站和行署公安局合并，钟子元任社会部长兼公安局长，下设一个情报站，由陆曦任站长。为迎接新形势，区党委召开了三级干部会议，传达中央指示；社会部与此同时召开三级干部会议，具体安排今后工作。此时我已调十八地委任社会部长，并代管区党委社会部直属的情报站。为了工作不受开会的影响，我已令陆曦同志带电台站长霍延生和报务员杨林祥及译电员方明先到十八地委丰宁县开始工作。会议于10月中旬结束。各地委和县委社会部长已返回原地。我正准备随地委书记焦若愚同志到十八地委工作。许建国同志临时通知我跟随机关向南转移，10月16日下午，我随机关向南转移到丰润县杨家铺宿营。晚饭后9点多，周文彬、钟子元二位部长找我个别交谈，嘱咐我如何处理好工作和个人生活问题。我本拟当夜渡滦河，时已11点多，两位部长劝我先休息，明天再走。10月17日凌晨，我刚外出，突遭敌机枪扫射，我即返屋，带领秘书彭飞及几个通讯员向南突围，跑了约四五里地，已经安全脱险，并与行署机关会合，拟向东转移。当我回头一看，村内乱成一团，不知所措。我不顾个人安危，让秘书彭飞随行署向东转移，自己急忙带了四个通讯员冒险跑步返村，找到钟子元、李杉等负责同志，说明南面无敌人包围，可以安全转移。但迫于下不了决心，大家只好听从地委书记丁振军同志指挥，决定一律上山抵抗，不许擅自行动。这样，我亦不能突围。由于对敌情不明，盲目自信，敌众我寡，日军千余人，我方只有两个警卫连，难以抵挡日军压力，坚持到中午时我方已损失很大，很难坚持到天黑。下午3时许，丁振军突然决定命令机关干部下山向东突围，警卫连在山下抵抗，敌人以重兵火力猛攻，我方无力阻挡。由于指挥不当，结果我们损失惨重，伤亡500多人，被俘150余人，逃生出来的仅有120余人。战场上英勇牺牲的领导干部有特委组织部长周文彬，他是一位朝鲜族的优秀工人运动领袖。地委书记丁振军、宣传部长吕光、特委秘书长李杉亦牺牲，社会部长钟子元等身负重伤，专员高敬之伤重难行，他们均因敌军搜索战场时未被察觉而幸免于难。我在突围中，身上四处中弹，尤其是右腕被机枪击中，打断了动脉，大量流血，无法止住，处于昏迷状态，无法突围了。傍晚，在敌军打扫战场时，发现我尚未死亡，强迫老乡用担架将我抬着押送到敌军据点左家坞。我伤重被俘，造成了一生最大的不幸，经历了一场难以想象的严峻考验，同日寇进行了一场面对面的殊死较量！

敌人从我的衣着已识别出我是一个负责干部，很快从被俘人员口中得知我的身份，又从唐山派来特务叛徒亲自指认我系冀东军区联络部负责人，敌特严加关押。至此，我乃进行公开斗争，痛斥日寇兽行，制造无人区，实行“三光政策”；大讲抗战必胜，日寇必败的形势；决心坚贞不屈，以身殉国。我自尽未遂，决心为国捐躯，牺牲自己，决不叛党，决不事敌，决不出卖组织秘密。敌特为达到诱降的目的，实行“怀柔政策”，竟以美女、地位来诱惑。我则采取特殊手段，与敌特周旋。

我被俘后，冀东特委及许建国同志极为关怀，一面防敌破坏，设法转移关系；一面设法营救，利用我方在唐山的地下组织，精心设计营救方案。1945 年 2 月 18 日清晨，由地下组织策划，我终于逃离虎口，当日回到根据地丰润县刘家营，随即回到军区，受到李运昌、行署主任朱其文等领导同志的热情接待。我向党组织详细地汇报了被俘经过并写出了书面报告，请求组织审查。3 月中旬我被送到边区，又向许建国、谢辅生详细汇报了被俘情况，听候审查。当年 5 月 1 日，我被送到分局党校参加整风学习，同时解决组织问题。

我的被俘四个月的重大历史问题，许建国同志非常关注，自始至终，高度重视，认真对待，严肃负责。在他的领导下，我能正确对待，认真接受组织审查，从无任何消极悲观表现。负伤被俘后，许建国急电冀东李运昌书记，要求千方百计努力营救，并指示地下组织要妥善安排，防止敌人破坏。当我被营救脱险回来后，立即送我上党校，一切与其他同志一样。党校解散，我到张家口市公安局帮助工作时，政治上仍然受到应有的关怀。1946 年 7 月，晋察冀中央局组织部对我作出了恢复党籍的正式结论，我受到极大鼓舞，重新得到组织上高度信任。全国解放后，在 1952 年整党中，铁道部机关党委错误地作出把我开除党籍的决定。许建国同志得悉后，到中央开会时主动找到铁道部武竞天副部长重申他的意见。经复查，铁道部机关党委终于撤销了决定，仍然按中央局组织部的正确结论对待。“文化大革命”中，组织部门终于从沈阳日本关东军特务机关的档案中，找到了我被俘期间的完整档案，档案是用中文、日文对照写成的详尽记录，并让我予以确认。

档案有力地验证了我的交待与日特记录相符，证实我对党的交待是忠实可靠的。同时查明我被营救的真情，是由黎云同志派到唐山市的地下组织情报组长蒋志岐同志（后任唐山市公安局副局长）通过我方在敌特1420部队（关东军特务机关华北特遣队）高级干部嘱托赵子荣（后评为革命功臣）设法买通日特柳青将我假释，被安置在杨博民家软禁时设法逃出。从此，我被长期审查的这一重大历史问题，终于彻底查清，真相大白，使我放下了包袱。同时也证明了许建国同志对我的审查结论是完全正确的，是符合历史事实的。由此可见，许建国同志对党对同志的高度负责精神，值得我永远敬佩，使我感激不已。

抗战胜利后，晋察冀军区首先解放了张家口市。这里是伪蒙疆政府所在地，是联结东北、内蒙古及平津的战略要地，是华北解放区最大的一个城市，中央局、军区、边区政府均迁入张家口市。为了管理好这个刚刚收复的大城市，中央局决定，由许建国以中央局社会部部长、边区公安管理处处长的身份亲自兼任张家口市公安局局长，调苏毅然同志任副局长，主持日常工作（后任局长）。首先建立了一套完整健全的自上而下的人民公安组织，选配德才兼备的得力干部，分别担任局内各科室及各公安分局的负责人，迅速开展了城市户籍管理和对旅店、工商业以及居民住宅管理的工作，建立了专门机构和群众治保、消防组织。同时还组建了强有力的警察总队，和分布全市的公安派出所、驻在所等基层公安组织，各项工作井然有序。我们采取了秘密侦查工作与公开治安管理紧密结合的工作方法，精心策划了内线情报工作与外线侦查工作相结合的侦查网，适时侦破敌特潜伏下来和派进来的地下秘密武装和特务组织。这对保卫边区、保护城市、维护群众安全起到了良好的作用，受到了中央表扬。对如何管理城市治安，初步摸索总结出一整套宝贵经验，这就为以后解放天津市与管理建设城市公安工作，提供了有益的成功的经验，成为城市治安保卫工作的雏形。这是许建国同志在公安保卫工作方面的历史性贡献。从接管到撤出张家口市这一年，我始终在许建国同志直接领导下，具体帮助张家口市公安局的审讯、侦查、情报等业务部门工作，自己的业务能力和管理水平均有所提高，对以后接管北平、建设铁路公安工作，均有十分有益的借鉴。

在此不妨介绍一个典型案件，从中可具体反映出许建国同志在隐蔽战线斗争中高超的领导艺术和精湛的对敌斗争策略。

当蒋介石公开发动内战，向解放区大举进犯之际，聂荣臻司令员遵照党中央的战略部署，为保存有生力量，不计一城一地之得失，决定撤出张家口，有计划地向根据地疏散物资，转移家属。八九月份，国民党已经从东西两面开始集结重兵拟向张家口进犯。东面大军压境，已在北平、南口、康庄一带待机而动，西面傅作义由绥远向多伦、张北一线，以骑兵奔袭。值此内战一触即发，而国民党军统、中统积极从北平派出训练有素的特务分头潜入张家口市，窃取我军政情报，配合正面军事行动。许建国同志已经从北平获悉，据可靠内线密报，军统派一潜伏组深入张家口。有一老牌特务、上校组长，名叫李泽青，带领携有美式电台并有少校特务、报务人员兼作翻译的小组，化装成富商进入张家口市开始活动。据此，许建国同志立即命令市公安局迅速查明其下落，对其严密监视。市公安局召开紧急会议，限一周内查出上报。会后第三天，七分局王殿举局长报告称已经从上堡一煤铺发现刚从北平来一商贩，化名李青，外出戴一个眼罩，每日频繁外出，形迹可疑。市公安局立即派出便衣侦查，跟踪盯梢，蹲坑守候。经过一周的严密观察，初步判断此人很可能就是李泽青，于是立即向许建国作了详细汇报。

许建国当即同意市公安局分析，命令先秘密逮捕，突击审讯，务求一网打尽，防止漏网。侦察队长郭佩珍亲自执行密捕任务。当郭佩珍将李泽青带到我的办公室时，我以迅雷不及掩耳之势，立即秘密审讯。我首先向他简明交代了政策，晓以利害，何去何从，让其自定，观其表现。此人稍显紧张，但仍然十分狡诈。于是我单刀直入，开门见山地直呼：“李泽青，摘下眼罩，收起伪装！”

李乍一听，满头大汗，神色突变，知我已经查明其真相，无法蒙混，立即向我低头认罪。我即明确严斥：“不要再存侥幸，也不能乱讲，必须老老实实，彻底坦白，争取宽大！”我接着又追问：“电台放在何处？报务员在哪里？其他组员在什么地方？”

面对这一连串的提问，李表现惊慌，稍加思索，一一做出具体交待，不敢再隐瞒。这一简短而圆满的突击审讯，取得了预期效果。于是我派侦查股长林丛首先去煤铺取出电台及报务员，派郝志刚等同志分头去捕获同案成员及负责秘密交通的一个逃亡地主等。敌特于天黑前全部落网，无一漏掉，全胜而归。为了扩大战果，当晚我们分头审讯，交代政策，促使其坦白认罪，争取立功，得到宽大处理。这时李泽青主动交代，在他来之前张家口已经有潜伏组，组长于冠卿密住在一个粮店，详情不明。

我们立即到二分局辖区内一粮店将早已潜伏的于冠卿捕获，当即审问。此人十分狡猾，年纪比较大，颇有社会经验。我正在审讯时，许建国同志赶到，直接同于冠卿这个老特务交锋。许部长十分严厉地追问电台及其他特务下落，于冠卿一看许部长的态度，不敢欺骗，只好老实交代。我们立即行动，无一漏网。这一意外战果，引起了许建国同志的深思：敌特在张家口的潜伏组织，我们并未完全掌握，必须倍加警惕，加紧从内线及外线侦查中发现新的线索。不久，从内线情报查知中统已在我市政府内有一潜伏特务小组。于是适时破案，果断处理。

我们向许建国同志汇报，为了开展侦查工作，在我们控制下，让李泽青潜伏组的电台仍然与北平保持联络，而负责报务工作的李某仍兼任译电工作。此人系北平大学生，因家庭生活困难而被招考录用，他本人思想尚有回头表示，愿意将功折罪，有争取利用的可能。许建国同志听完汇报，立即表示此人要抓紧教育，可以化敌为友，为我所用，而且要亲自见一见，观其表现。许建国与李某谈话，争取李某为我服务，诱敌上当受骗。于是，李某立即将电台在我办公室旁一小屋内架好，随时准备通话。

这时敌人已经重兵压境，每日敌机飞来张家口上空侦查，偶尔掷弹威吓，形势相当紧张。我方兵力不足，张家口只有一个团，宣化一个团，大部兵力西调，防止傅作义部偷袭。为此，许建国同志急与聂荣臻同志磋商缓兵之计，拟用敌台向北平传送假情报，以迷惑敌人。

经商定，许建国拟好电文，于当晚12时让李某向北平发报。为防止敌特有诈，许部长派我方报务人员苏静同志与李某同台操作，监视其发报。当时电文伪报："张家口市在东山坡召开了万人大会，聂司令员讲话，号召全市人民紧急动员起来，坚决保卫张家口，誓歼来犯之敌，并悉急调肖克部星夜速从大同赶赴宣化，以加强防卫。同时，坚决镇压反动武装土匪，保卫张市安全。”

此报一发，北平立即回电：“速查明共军军力部署，及时上报。”后查明此报发出后，东进至南口一线的石觉部等西进待命。我方乃加强东线防力，同时加速向后方撤退物资，准备放弃。这样以假乱真，不断向北平发报，其中有些是公开消息，报纸报道，以应付敌特，致使东西两面敌军不敢冒进。为此一来一往，持续了半月之久，敌人并未发觉。

我军于1946年10月10日深夜12点完成了撤退计划后，市面十分平静。直到11日上午，傅作义部已进到张家口北面，仍不敢直入，先派侦察部队入市察看，方知已是一座空城。于是，11日下午傅作义首先进入，并立即谎报10月10日占领张家口。这是许建国善于化敌为友、为我所用的实例，是隐蔽战线上一次成功的反间计，演出了一场名副其实的空城计。

抗日战争期间，许建国同志在东北建立的地下组织未遭到破坏，配合苏蒙军，配合我出关部队，收到了很好的内应、策反作用，为抗日战争的最后胜利，作出了重要贡献。我冀热辽部队首先出关，由李运昌、曾克林等带领冀东子弟进占沈阳。埋伏在长春的伪满军官张庆和到沈阳找到李运昌，经周保中提议并由长春市工委同意，任命张庆和为长春市第一任公安局长。由李玉贞联络的哈尔滨伪满江上军（海军）军官吕殿元联合了三个团自动起义，成立了救国军，因无法同我方取得联系，国民党特务又从中破坏，苏军不予承认，半月后被迫解散。吕殿元同志后任吉林市公安局局长、检察长等。张庆和在我军主动撤出长春后任吉黑纵队副司令员。派到长春的赵东黎自动组成长春市委，发展爱国青年数百人，后任长春市委统战部部长、吉林省委秘书长。由许建国同志直接领导的东北地下情报站，发展了70余人，他们利用特殊有利的上层关系，获取伪满重要军政战略情报。

解放战争期间，许建国同志派我到冀热察区党委社会部从事情报工作，重点是平津及平绥线。从1947年1月到1948年12月，我积极开展以北平为主的地下工作，取得了可喜的效果。在傅作义的华北“剿总”建立了重要内线，获取了一些重要情报。

1948年12月奉中央电令，我被调到北平市工作，年底报到，彭真书记和谭政文局长决定我任市公安局二处副处长。1949年1月底，我率先入城，按各个战略地区的地下工作人员分布情况，由二处统一接管，分设八个工作队，配合市公安局接管工作。其中有六个队均为许建国同志负责建立的情报站，为北平肃特工作、维护治安及保卫党中央进驻北平，起了很大作用。3月下旬，我到铁路公安局任政治保卫处处长。许建国同志在天津市解放后曾任副市长兼公安局长，后又调上海工作。不久，中央任命许建国同志为公安部副部长。1950年初，我在铁路公安部门参加了毛主席、周总理访苏的专车保卫工作。每次专车途经天津时，我每次均能见到许建国同志亲自到车站迎送，特别欣慰，至今难忘。

今天，我们纪念许建国同志百年诞辰，一定要遵循党的十六大精神，坚决贯彻“三个代表”重要思想，继承发扬老一代革命家艰苦奋斗的光荣传统，学习他们光明磊落、为党的事业奉献终生的彻底革命精神，为全面建设小康社会，加速推动中国特色社会主义现代化建设，实现伟大的民族复兴，向着美好幸福的未来而团结奋战，开拓创新，与时俱进。

（本文曾发表于《许建国纪念文集》，中国人民公安大学出版社2003年版）

隐蔽战线上的无畏勇士

——深切怀念张友恒同志

钟子云 苏毅然 任远 刘景平 赵玉林

张友恒同志是我们半个世纪以来共同战斗的亲密战友，他是隐蔽战线上一位坚强的老战士。今天，他离开我们一年了，使我们深切怀念，无限哀思。

张友恒同志原籍河北省昌黎县人，生长在黑龙江省宁安县。1931 年，九一八事变，年仅 12 岁的张友恒同志就下定宁死不当亡国奴的决心。第二年，他毅然加入共产主义青年团，投身于抗日救亡斗争的洪流中。1935 年党组织派他到苏联学习。1936 年经李强同志介绍加入中国共产党。1936 年至 1937 年在莫斯科东方共产主义劳动大学中国班，专学无线电通信技术。七七事变后，他于 1938 年 3 月从苏联回到延安，任中央社会部电台台长。他是中央社会部最早培养的情工干部之一。1939 年 3 月，他随许建国同志率领的华北战地考察团先到晋西北考察工作，同年 6 月奉命调回延安。

1940 年 10 月，党中央作出了开展敌后情报工作的决定，明确指出：敌后大城市是敌人在军事、政治、经济、文化上侵略中国的中心区，又是在华特务工作的大本营；要求把开展敌后大城市工作看作是目前保卫工作的头等任务；并指出必须建立通信联系工作，这是一切工作的命脉。为此，组织上派友恒同志到华北前线，开辟敌后大城市的情报工作，组建秘密电台。他于 1940 年 12 月到达晋察冀北方分局社会部。

经 1941 年初到 1948 年秋，他先后三次潜入平津，从事秘密情报工作，长期战斗在敌区城市，深入虎穴，出生入死，几经风险，英勇斗争，把壮丽的青春年华献给了党的情报事业。1941 年 1 月，他到平西情报站任副站长，不久就化装潜入北平，自己动手，试装电台，发展情报组织。正当工作顺利开展之际，1942 年 2 月，周时同志奉命入城，不料因使用证件不妥而在途中温泉被捕。在此危急时刻，友恒同志巧妙设计，挺身而出，沉着与敌宪兵队周旋，竭力营救，使周时同志脱离虎口，安全返回边区。1942 年 5 月 1 日，北平情报组织又遭破坏，他奉命及时撤回，任北方分局社会部交通科副科长，负责敌后交通联络工作。

1942 年，北方分局社会部决定在平津建立情报联络站，派友恒同志任站长，他于 1942 年 8 月又重返北平，迅速恢复已有的情报组织，积极发展新的关系。为及时与上海的情报组织取得联系，1943 年初，他赴沪与李时雨同志等商量开展南京、上海地区上层内线工作。为加强与东北情报组织的联系，他于 1943 年 11 月亲赴伪满沈阳视察工作，同部分情工人员直接见面，了解情况，研讨工作，给埋伏在伪满心脏的地下工作同志以极大的鼓舞。他返回天津后，于 1944 年 1 月 8 日向许建国同志写了一份“满洲工作报告”，此文送到延安后，受到了毛主席的高度重视，为党中央了解伪满情况提供了第一手材料。为获取敌伪机密情报，1944 年 3 月，他打入天津伪“华北剿匪委员会”调查处，直接掌握了华北各大城市的情报资料，对我了解敌情，提供了十分可靠的重要情报。

1945 年，日本投降后，友恒同志奉命从敌区调回张家口，任晋察冀中央局社会部情报科科长，负责敌后情报派遣工作，以平津为重点，抓住有利时机，放手开展派遣工作，向华北国民党统治区积极发展情工组织。

1946 年 9 月，友恒同志再次进入北平，先后将两部电台秘密运进北平，建立地下电台。为获取敌人军政战略情报，友恒同志在敌人首脑机关的要害部位组织了一个严密精干的情报小组，大力开展内线工作，后交甘陵同志直接领导，在关键时刻起了关键作用。1946 年 9 月，友恒同志首先获悉敌犯张家口的详细计划，使我党在政治上揭露国民党破坏和平，大打内战的罪恶阴谋，在军事上使敌丧失一个师而未能越过平绥线。在清风店战役中，友恒同志事先得知敌第三军由石家庄撤守保定的机密情报，使我获取全歼第三军 17000 人的重大胜利，军长罗历戎、副军长杨光钰等团以上高级军官均被活捉。1948 年秋，他又及时获知敌偷袭石家庄及党中央驻地的行动计划，使我有效地挫败敌之阴谋，保卫了党中央的安全，受到了党中央和华北军区的通令嘉奖。我们的情工人员不愧是埋藏在敌人心腹的“地下尖兵”。

1948 年 6 月 15 日，当友恒同志与“秘密金库”女主人接头取款后，正欲与秘密地下交通员相会时，突被特务发现，即将被捕之际，他急中生智，迅速奔跑，不幸被敌开枪打中腹部。他以刚强毅力，捂住伤口，勇敢地摆脱了敌特的追捕，后由地下工作同志精心护理，妥善照顾，安全地离开北平，回到边区。他临危不惧，处惊不慌，机智勇敢，沉着坚定，堪称为隐蔽斗争中的无畏勇士，表现出惊人的胆略与气魄。

1948 年，党中央决定成立华北局社会部，友恒同志任华北局社会部情报处处长，为迎接平津解放，做了大量的工作，提供了详实的资料，进行了各方面的充分准备，为建设城市公安工作奠定了很好的基础。1949 年 1 月，他随许建国同志接管天津，任天津市公安局副局长。1953 年调公安部任一局副局长，为开辟国外反奸情报工作，最早到广东组建华南办事处，而后从事经济部门工作，为四化建设作出了贡献。

在十年“文化大革命”浩劫中，友恒同志受林彪、江青反革命集团迫害，被批斗关押，备受凌辱，长达八年之久，精神上肉体上受到很大摧残，经受了严峻的考验。粉碎“四人帮”后，恢复工作，他重返公安保卫战线，以饱满的政治热情，投入紧张的战斗，工作热情不减当年，先任黑龙江省公安厅党组书记、副厅长，后调任广东省委第一办公室主任。国家安全部成立后，他于 1983 年 9 月任广东省国家安全厅第一任厅长、党组书记。他以干练的组织才能，丰富的实际经验，勇于开拓创新，善于团结干部，密切联系群众，为组建广东省国家安全部门工作，开创国家安全工作的新局面，有力地开展隐蔽斗争，作出了卓越的贡献。

1987 年 2 月，他退居二线，1988 年 5 月任广东省顾委常委，仍十分关心省厅业务建设与人才培养，并积极参加省委安排，经常深入特区以及城乡，广泛调查研究，盛赞改革开放的丰硕成果，衷心拥护邓小平同志提出的“一个中心，两个基本点”的基本路线。他认真贯彻党的方针政策，坚决反对资产阶级自由化，十分重视马列主义、毛泽东思想的学习，坚持事实求是，为建设有中国特色的社会主义，贡献了自己的一切，为党和人民的革命事业而奋斗终身。

1988年12月，张建南、张友恒、钟子云、任远、李振远（左起）在广州

友恒同志战斗的一生，大部分时光是在隐蔽战线上默默地辛勤耕耘，无私地奉献出自己的全部才智。他对党的情报事业始终抱有极大的热情，有强烈的事业心和政治责任感。他以隐蔽战线上的普通一兵而欣慰，甘当无名战士而自豪。

他从不畏难，从不气馁。他对隐蔽斗争有深刻的理解，敢于旗帜鲜明地阐明自己的观点。他认为隐蔽斗争是党的工作的重要组成部分，任何时期都必须重视，在和平建设时期，改革开放时期，更需大力加强，才能击败“和平演变”，保障国家安全。

友恒同志十分重视国家安全部门的队伍建设，努力提高干部素质，亲自抓培养训练工作，经常以自己的丰富经验，谆谆教育干部，要干一行，爱一行，鼓励大家热爱情报事业。每年新来的知识分子，他都要上第一课，讲明形势，分析敌情，交代任务，严明纪律，使这些刚刚走上工作岗位的年轻同志，树立坚定的信心，能有旺盛的斗志。1990年11月，他身患重病，仍来北京，给干训班讲课，他为培养一支“精干、内行、对党绝对忠诚”的干部队伍而呕心沥血。

多年来，友恒同志艰苦奋斗，勤勤恳恳，无私奉献。他重视总结历史经验，近几年来，为整理新中国成立前地下情报工作史料，数易其稿，认真编写出十几万字的宝贵资料，同时还积极参加反奸斗争史的编审工作。当他得知自己身患肺癌时，能以豁达乐观的态度，同疾病作顽强的斗争，甚至在病危期间，仍抱病飞赴成都参加反奸斗争史编审会议，生命不息，战斗不止。

友恒同志革命的一生，时刻关注党的情报事业，深知隐蔽斗争的重要性、艰巨性、长期性，他对以江泽民同志为核心的党中央高度重视情报工作，无比兴奋，衷心满意，夙愿已偿，死而无憾。

值此友恒同志逝世周年之际，我们这些几十年风雨同舟、同甘共苦、患难相处的老同志，满怀深情地怀念他，谨献此文，以示悼念。

（本文曾发表于《广东隐蔽战线》杂志，1992年）

踏平坎坷有坦途

（代　跋）

任远

无　题

九二春秋俱往矣，
忠诚无为埋头干。
坎坷踏平有坦途，
默默无闻老愚公。
一贯积极为人民，
淡泊名利与地位。
历史已清我乐观，
甘当红色老特工。

这是一本红军时期参加革命、已92岁高龄的老战士自述。本书集中反映了我在隐蔽战线和国防尖端事业中的战斗经历，以一个老共产党员的忠诚坦率的理念，默默无闻的无私奉献精神，向人们展示了一个共产主义者为革命奋斗的历史瞬间。

在本书中，我以忠实的态度，记述了我所经历过的中共隐蔽战线上鲜为人知的敌后情报工作和城市保卫工作的案例，回忆了无数与我一起战斗过的无名英雄的光辉业绩。在抗日战争、解放战争的烽烟中，长期深入敌后大中城市潜伏的地下尖兵，为了获取敌方情报，与敌人斗智斗勇，

任远获得的纪念章

出生入死。在此期间，我担任冀东军区联络部长和冀东情报联络站主任，负责整个冀东和东北地区的前方派遣工作，掌握着重要的情报派遣关系，并多次潜入敌占区探查情况、联络同志。

1944年，我在一次与日军的遭遇战中不幸受重伤被俘，叛徒汉奸向日军透露了我的身份，日军如获至宝，想方设法要从我这里获取冀东、东北地区我党地下工作者情况。我利用在革命圣地延安学到的保卫保密工作知识，与日军特务斗智斗勇，采取以假乱真、假供等种种手段，不仅借敌之手铲除多名汉奸特务，还有效地保护了地下党组织和同志们的安全。当敌人放松警惕时，在党组织的积极营救下，我终于得以逃出虎口，返回解放区。

解放后，我参与接收大中城市的公安工作，粉碎敌特分子破坏新生政权的种种阴谋，屡屡抓获重大特务分子。1954年，我还参加了铁路管理中的保卫工作和侦查工作的重大案例，特别是在新中国成立初期保卫毛主席、周总理首次访问苏联的专车保卫工作。为了与隐藏的敌特破坏分子作斗争，我们探索出了一套保卫专列绝对安全运行的完美方案。我在长年的保卫保密工作生涯中，以满腔热血谱写了一曲感人至深的英雄诗篇。

我的写作能力有限，知识浅薄，难以如实还原战友们的光荣事迹，恳请各位读者多加批评指正。向那些为本书付出辛勤劳动的同志们谨致诚挚的敬意与衷心感谢！希望有更多更好的记述中共隐蔽战线光辉事迹的作品不断涌现，使现在的年轻人明白幸福生活来之不易，希望他们更加努力地为明天的幸福生活而努力奋斗。

我这一生，主要从事党的隐蔽战线和公安保卫情报工作，我很热爱这一工作。对我有深刻了解和合理使用的始终是公安部，新中国成立60多年以来，公安部对我十分重视，至今公安部仍是我的领导机关，在整理历史资料时，都让我参与。

我自1962年调到二机部工作（1977年被任命为核二院党委书记、院长等职），尽管行业领域跨度很大，工作也不熟悉，但我很快就热爱上了这一国防尖端事业，对从事“两弹一艇”工作十分积极，到核二院几十年来，我尽职尽责、无私奉献，无论组织如何安排，我从不计较，从不考虑名位待遇问题。60年来，不论工作职位如何变化，我的工资待遇一直是沿用1950年公安部任用时的十一级局级待遇。我从未提出过任何意见，新中国成立后60多年来，我仍是副局级工资，仍然忘我劳动，十分乐观勤奋。

我认为“两弹一艇”的工作很光荣，是强国富民的伟大事业。我们每一个人都要热爱祖国，无私奉献、自力更生、艰苦奋斗、大力协同、勇于攀登，这是千百万军工人的神圣职责，也是我们二机部的“两弹一艇”的核心。我们自己动手、边干边学，勇于创新，不断开拓发展核电事业，为民造福、为国增辉。如今，核电已成为国家的新能源，既安全又经济，我为自己曾参与其中而引为自豪，乐为无名战士、甘当人民公仆，以革命者的老黄牛精神，奋斗终生。

在这本书中，我回忆了我终生敬佩的老领导、老首长许建国同志，他是我党隐蔽战线上的卓越开拓者，公安保卫工作的忠诚卫士，廉洁自律的光辉典范；还有我的老战友、曾经“九死一生”的钟子云，他们都是隐蔽战线上的无名英雄，我永远怀念他们。

我在绥德师范学校的同班同学汪洋，身经百战、战无不胜，号称“常胜将军”。在抗美援朝王牌与王牌的较量中，他率我四野头等主力师大败美王牌开国骑兵师。此战被写入了日本自卫队案例。自1937年底，我俩在绥德师范学校分手后，40多年音信全无，甚为牵挂。“文化大革命”期间，他调回国防科委任学习小组副组长兼七机部核心小组长，后任七机部部长，后又因病调回北京军区任副司令员，可惜他患病期间，我们一直未能相见。1975年，我被解除监禁刚到家，他就亲自来看望我，见面后我们十分亲切。他病故后，遗体火化时，还在他体内发现了六块弹片，真不知这么多年他忍受着多么大的痛苦，却从不向外人言，仍然乐观地工作着。

我们在隐蔽战线、国防尖端部门的多少英雄烈士为党为国奉献了自己的一生，人们将永远不会忘记他们，继承他们的遗愿，弘扬长征精神，为建设有中国特色的社会主义现代化强国而不懈奋斗，为全面建设小康社会而奋力奋斗。展望未来，我们满怀信心，为建设持久和平的和谐世界而战斗到底。